心、全党的核心地位，更加自觉地维护以习近平同志为核心的党中央权威和集中统一领导，坚定不移在思想上政治上行动上同以习近平同志为核心的党中央保持高度一致。

学习出版社

2025年3月

# 出版说明

“两个确立”是党在新时代取得的重大政治成果，是推动党和国家事业取得历史性成就、发生历史性变革的决定性因素，新时代新征程上把中国特色社会主义事业推向前进，最紧要的是深刻领悟“两个确立”的决定性意义。“两个确立”是党和人民应对一切不确定性的最大确定性、最大底气、最大保证。为进一步贯彻落实党的二十大和二十届二中、三中全会精神，我社特约中央党史和文献研究院院长曲青山同志汇编了本书。本书从历史和现实相统一、理论和实践相结合、道理和情理相贯通等角度，讲全、讲透、讲实“两个确立”的决定性意义，突出政治性、思想性、指导性，有助于广大干部群众在以中国式现代化全面推进强国建设、民族复兴伟业的新征程上，坚定拥护“两个确立”、坚决做到“两个维护”，更加自觉地维护习近平总书记党中央的核

**图书在版编目（CIP）数据**

坚定拥护“两个确立” / 曲青山著. -- 北京 : 学习出版社, 2025. 3（2025.10重印）. -- ISBN 978-7-5147-1319-0

Ⅰ. D25；D26

中国国家版本馆CIP数据核字第2025DH6609号

# 坚定拥护“两个确立”

JIANDING YONGHU “LIANGGE QUELI”

曲青山　著

责任编辑：沈潇萌　彭绍骏
技术编辑：朱宝娟
装帧设计：壹读闻话

出版发行：学习出版社
北京市崇外大街11号新成文化大厦B座11层（100062）
010-66063020　010-66061634　010-66061646
网　　址：http://www.xuexiph.cn
经　　销：新华书店
印　　刷：北京新华印刷有限公司

开　　本：710毫米×1000毫米　1/16
印　　张：14.25
字　　数：129千字
版次印次：2025年3月第1版　2025年10月第4次印刷

书　　号：ISBN 978-7-5147-1319-0
定　　价：48.00元

# 坚定拥护“两个确立”

曲青山　著

学习出版社

# 目　录

# 正确认识和把握历史方位、旗帜和核心问题*

党的十九大报告博大精深，可以从多方面、多领域、多角度去认识、体会和解读。党的历史无疑是一个重要的方面、重要的领域和重要的角度。因为，历史、现实、未来是相通的。党的历史是中国共产党带领人民为了民族独立、人民解放和国家富强、人民幸福而不懈奋斗的历史，是中国共产党不断推进马克思主义中国化，进行理论创新的历史，是中国共产党不断加强自身建设，始终保持先进性和纯洁性的历史。不忘历史才能开辟未来，就党的十九大报告所涉及的一些重大政治问题和理论问题，从党的历史的方面、领域和角度作出思考、解读和探索，对于我们深入学习贯彻党的十九大报告的精神实质是大有裨益的。

我们党已经走过了96年光辉历程，即将成为一个百年大党。纵观世界历史，富有生机和活力的百年大党是十分罕见的。

---

* 本文发表于《光明日报》2017年11月15日。

甚至有些政党从诞生之日起不过几年时间，就昙花一现、烟消云散了。为什么我们党历经快 100 年，还始终充满着生机和活力，对世界各国还有着如此重大而深远的影响，并且凝聚力、感召力越来越强？我们应该从总结历史经验的角度去思考和回答这个问题。回顾我们党的历史，至少有 3 条经验至关重要：一是明确历史方位至关重要，二是坚持高举旗帜至关重要，三是坚决维护核心至关重要。

## 一、关于历史方位问题

党的历史表明，历史方位就是实际，历史方位就是国情，历史方位就是发展趋势，历史方位就是时代坐标。一部中国共产党的历史就是不断适应形势任务的发展变化及时标定历史方位的历史。

1921 年中国共产党一经成立，就把实现共产主义作为党的最高理想和最终目标，义无反顾肩负起实现中华民族伟大复兴的历史使命。而我们党深刻认识到，实现中华民族伟大复兴，必须推翻压在中国人民头上的帝国主义、封建主义、官僚资本主义三座大山，实现民族独立、人民解放、国家统一、社会稳定；必须建立符合我国实际的先进社会制度；必须合乎时代潮流、顺应人民意愿，勇于改革开放，让党和人民事业充满奋勇前进的强大动力。

在民主革命时期，我们党经过艰辛探索认识到，在半殖民地半封建社会的旧中国，要肩负起历史和人民赋予我们党的使命，必须首先认清党所处的历史方位。由于中国资产阶级的软弱性，由于世界历史的时代变化，中国的民族民主革命只能由无产阶级及其政党——中国共产党来领导。中国革命既不能毕其功于一役，也不能长久停留在民主革命阶段止步不前。中国革命要分两步走，要做好民主革命和社会主义革命上下两篇大文章。在新民主主义革命的抗日战争时期，当卢沟桥事变发生、全民族抗战到来时，我们党正确判断所处的历史方位，正确提出了要把党建设成为一个全国范围的、广大群众性的，思想上、组织上、政治上完全巩固的布尔什维克化的党。要建立广泛的抗日民族统一战线，团结一切可以团结的人，把日本帝国主义赶出中国去。解放战争开始后，根据新的历史方位，我们党适时提出了“打倒蒋介石，解放全中国”的任务。

1949 年中华人民共和国成立后，根据历史方位的变化，我们党确定了恢复国民经济，医治战争创伤，实行国民经济第一个五年计划，从新民主主义向社会主义过渡的任务。1956 年随着社会主义改造的完成，我国社会主义基本制度建立。我们党正确判断所处的历史方位，党的八大指出，我们国内的主要矛盾，已经是人民对于经济文化迅速发展的需要同当前经济文化不能满足人民需要的状况之间的矛盾。但是，出于各种原因，这个重大的政治判断和结论没有始终如一地坚持到底，后来形势发生了逆转，带给我们极大的、极其深刻的历史教训。

1978 年党的十一届三中全会，我们党在正确总结历史经验和教训、科学分析国际国内形势的基础上，重新标定党和国家所处的历史方位，果断作出实行改革开放的历史性决策，实现了党和国家工作中心的转移。党的十二大、党的十三大、党的十四大、党的十五大、党的十六大、党的十七大、党的十八大也都分别根据形势任务的发展变化，及时作出新的历史起点、新的发展阶段、新的历史时期、新的世纪或新时期、新世纪的重大政治判断。尽管有的阐述是直接的，有的阐述是间接的，但都对我们党所处的历史方位给予了正确的认识。

党的十九大作出了“经过长期努力，中国特色社会主义进入了新时代”的重大论断。内涵极其丰富，意义极其重大。这是我们党和国家确定的一个新的历史方位。这个论断是在回顾和总结党的十八大以来党和国家事业取得历史性成就，发生历史性变革的基础上作出的；是在我国社会主要矛盾发生转化的情况下作出的；是在党的理论不断创新，党的执政方略和领导方式发生变化的情况下作出的；是在对全面建成小康社会后，就实现第二个百年奋斗目标，对未来 30 年进行了两个阶段的战略性安排后作出的。这是习近平新时代中国特色社会主义思想产生的时代背景，是我国社会主要矛盾发生转化的必然结果，是党和国家制定大政方针、发展战略、政策措施、奋斗目标的主要依据。

## 二、关于旗帜问题

党的历史表明，旗帜就是信仰，旗帜就是方向，旗帜就是形象，旗帜就是力量。一部中国共产党的历史就是不断推进马克思主义中国化，进行理论创新，高举思想理论伟大旗帜的历史。

恩格斯在《卡尔·马克思〈政治经济学批判〉》一文中指出，“我们党有个很大的优点，就是有一个新的科学的世界观作为理论的基础”。1920年，毛泽东同志在写给罗章龙的信中也说过这样一段话：“主义譬如一面旗子，旗子立起了，大家才有所指望，才知所趋赴。”我们党一成立，就将世界上最先进、最科学的理论——马克思列宁主义，作为自己的指导思想，从此我们党就有了前进的正确方向，中国人民就从精神上由被动转为主动。马克思列宁主义是开放的体系，是发展的理论。我们党要成长壮大、要带领人民走向胜利，就要不断推进马克思主义中国化，不断推进理论创新。在这方面，我们党是有着丰富经验的，也是有过深刻历史反思的。党的一大虽然将马克思列宁主义写到了党的旗帜上，但由于马克思列宁主义传入中国的时间并不长，中国共产党还没有来得及将马克思列宁主义与中国革命的具体实践相结合，进行理论创新，就立即投入了轰轰烈烈的大革命。由于我们党处于幼年，没有党的创新理论的正确指引，再加上其他原因，从而导致了大革命的失败。刘少奇同志 1941 年 7 月在《答宋亮同志》一文中讲：“中国党有一极大的弱点，这个弱点，就是党在思想上的准备、理论上的修养是不够的，是比较幼稚的。”这里指的是我们党的早期的历史状况。在经过漫长而艰辛的实践和理论探索之后，我们党深刻总结正反两方面经验教训，把之前的弱点变为优点，把早期的弱项变成强项，后来我们党的理论创新步伐不断加快，理论成果不断涌现。反观苏联，苏联共产党（列宁创立的俄国社会民主工党）成立之初就以布尔什维克主义（后称列宁主义）作为旗帜，拥有一套完整的、成熟的理论体系。但随着指导思想慢慢走向停滞、进入僵化，这个拥有近 2000 万党员、执政长达 74 年之久的大党也就难逃亡党亡国的命运，最终走向解散和解体。

回顾历史，我们深刻认识到，党的事业每发展一步，党的理论就要创新一步，党的理论武装就要跟进一步。这就是我们党强大的理论优势和我们党日益壮大的一个奥秘。在中国，近代以来，尤其是辛亥革命后，政党政治兴起，仅北京、上海两地就先后成立了具有政党性质的政治组织和政治团体 300 余个，全国各类团体达680多个。中国共产党只是其中之一，而且党员也只有50多名。中国共产党之所以能从几百个政党中脱颖而出，从小到大、由弱到强发展壮大起来，一路走到今天，成为现在拥有8900多万名党员、450多万个基层党组织，在13亿多人口的大国长期执政的大党，领导中国人民实现了中华民族从站起来、富起来到强起来的伟大飞跃，根本原因就在于有一个科学理论的指导，并且不断创新、与时俱进。继党的一大将马克思列宁主义写到了党的旗帜上之后，党的七大又将毛泽东思想写到了党的旗帜上。毛泽东思想是我们党把马克思主义中国化，把马克思主义基本原理与中国革命实际相结合，取得的第一个理论创新成果。此后，特别是改革开放以后，我们党不断推进马克思主义中国化，不断推进党的理论创新，先后创立了邓小平理论，形成了“三个代表”重要思想和科学发展观，创立了习近平新时代中国特色社会主义思想。党的十五大将邓小平理论写到了党的旗帜上，党的十六大将“三个代表”重要思想写到了党的旗帜上，党的十八大将科学发展观写到了党的旗帜上。这次，党的十九大把习近平新时代中国特色社会主义思想写到党的旗帜上。这是党的十九大最大的亮点，也是党的十九大最重大的历史性贡献，对我们党具有划时代的、里程碑式的意义。

习近平总书记在党的十九大报告中讲到大会的主题：不忘

初心，牢记使命，高举中国特色社会主义伟大旗帜，决胜全面建成小康社会，夺取新时代中国特色社会主义伟大胜利，为实现中华民族伟大复兴的中国梦不懈奋斗。在会议期间，习近平总书记又作了多次重要讲话，强调了4句话、16个字。这就是，不忘初心，牢记使命，高举旗帜，团结奋进。习近平总书记所强调的高举中国特色社会主义伟大旗帜，这面旗帜上写的就是马克思列宁主义、毛泽东思想、邓小平理论、“三个代表”重要思想、科学发展观、习近平新时代中国特色社会主义思想。需要强调和明确指出的是，这是一面旗帜，这面旗帜的理论是既一脉相承又与时俱进的，是在前人基础上不断发展、进行创新形成的一整套理论体系。在当代中国，高举习近平新时代中国特色社会主义思想的伟大旗帜，就是真正高举中国特色社会主义的伟大旗帜，就是真正坚持马克思主义，坚持科学社会主义，就是不忘初心、保持本色、面向未来。只要我们高举这面旗帜不动摇，坚定不移在这面旗帜的指引下奋勇前进，我们党就会带领人民不断地从胜利走向更大的胜利。

## 三、关于核心问题

党的历史表明，核心就是领袖，核心就是统帅，核心就是主心骨，核心就是掌舵人。一部中国共产党的历史就是不断维护党中央的权威和集中统一领导，形成不同时期党的领导核心的历史。

1989年，邓小平同志强调："任何一个领导集体都要有一个核心，没有核心的领导是靠不住的。"恩格斯在《论权威》一文中也曾用许多事例深刻形象地论述过这个问题。其中，他曾列举了一艘船在大海中航行的事例。他认为，航行在汪洋大海上的船在危险关头，大家的生命能否得救，就要看所有的人能否立即绝对服从一个人的意志。这个人是谁？就是这艘船的船长。马克思主义唯物史观认为，人民群众是历史的创造者，是历史发展的动力，是历史前进的决定性力量。但同时也承认个人在历史上的重要作用。杰出的人物顺应历史发展的潮流，代表人民的利益，满足人民的愿望，就会对社会历史的发展起加速的作用。普列汉诺夫《论个人在历史上的作用》一文，曾对这两个方面之间的辩证关系作过深刻阐释。列宁将这部著作列为马克思主义的经典文献之一。

在我们党的历史上，遵义会议是一次十分重要的会议。按照我们党的会议层级，它既不是党的代表大会，也不是党的中央全会，而是一次中央政治局扩大会议。但是，它对党的事业、对中国革命产生的作用和影响重大而深远。1981年6月，党的十一届六中全会通过的《关于建国以来党的若干历史问题的决议》明确指出，它"在党的历史上是一个生死攸关的转折点"。

作为一次中央政治局扩大会议，遵义会议之所以能有这样重大的历史地位和意义，原因就在于它开始实际确立了毛泽东同志在党的第一代中央领导集体中的核心地位，我们党的事业从此由挫折走向胜利。回望历史，在没有确立我们党的第一代领导核心之前，我们党和中国革命曾经遭受过两次重大挫折——大革命失败和第五次反“围剿”失败。第五次反“围剿”失败后，我们党和红军进行了战略大转移。中央红军为突破国民党军的封锁堵截进行了十分惨烈的战斗。湘江战役后，中央红军折损近 2/3，由出发时的 8.6 万人锐减到 3 万余人。当时，土地革命战争时期创立的十几块革命根据地，除陕甘革命根据地“硕果仅存”外，其余的全部丢失，中国革命几乎陷入绝境。遵义会议后，在毛泽东同志和党中央的正确领导下，中央红军四渡赤水出奇兵，灵活机动，大踏步前进，大纵深迂回，处处赢得主动。这也成为毛泽东同志一生军事生涯中的最得意之笔。我们取得了红军长征的伟大胜利，进而取得了抗日战争的伟大胜利，取得了解放战争的伟大胜利，最终建立了新中国。习近平总书记在纪念红军长征胜利 80 周年大会上，用 4 个“伟大远征”总结和概括了红军长征的伟大意义。其中一个“伟大远征”就是红军长征是一次检验真理的伟大远征。这个“伟大远征”就是在长征过程中革命实践对毛泽东的军事战略战术思想和一系列政治主张的检验，实践证明了毛泽东同志的思想及其主张是正确的。党的七大将毛泽东思想写到了党的旗帜上，确立毛泽东思想为党的指导思想并写入党章。毛泽东同志在党中央的领导核心地位、在全党的领导核心地位，是在大风大浪中、在革命斗争的实践中、在历史的考验中确立起来的，被全党所信服、所公认、所接受。确定和维护核心，真诚地拥戴核心、围绕核心、热爱核心、跟随核心，是我们党的一个巨大政治优势。

党的十八大以来，以习近平同志为核心的党中央，举旗定向、谋篇布局、改革创新，党和国家事业取得了全方位的、开创性的成就，发生了深层次的、根本性的变革，使中国特色社会主义进入了新时代。这不仅对中华人民共和国、中华民族的历史发展具有重大意义，而且对世界社会主义、人类历史的发展都具有重大意义，充分展示了大党大国领袖的高超政治智慧和强烈使命担当，显示了高超的领导水平和领导艺术。仅从全面从严治党、反腐倡廉这一个方面来讲，党的十八大以来的5年，其力度之大、规模之大、范围之广、程度之深都是前所未有的。这5年党的建设，特别是全面从严治党，党中央向全党和全国人民交出了一份优异的答卷。党心军心民心为之一振，党风政风民风为之一变，反腐败斗争压倒性态势已经形成并巩固发展。党的十八届六中全会确立了习近平同志作为党中央的核心、全党的核心，这是历史的选择、人民的选择，是众望所盼，实至名归。在全面建成小康社会决胜阶段、中国特色社会主义进入新时代的关键时期，我们党有这样一个核心，我们的人民军队有这样一位统帅，我们的国家和人民有这样一位领袖，是党之大幸，军队之大幸，国家和人民之大幸。我们强调遵守党的政治纪律和政治规矩，维护核心就是我们党在新时代最大的政治、最根本的政治。所以我们要坚决维护以习近平同志为核心的党中央的权威，坚决维护以习近平同志为核心的党中央的集中统一领导。

当前，学习贯彻党的十九大精神的热潮正在全党全国兴起。认真学习宣传好、贯彻落实好党的十九大精神，是当前和今后一个时期全党全国各族人民的首要重大政治任务，也是我们党史界的首要重大政治任务。我们要自觉地把思想和行动统一到党的十九大精神上来，把智慧和力量凝聚到实现党的十九大提出的各项新任务、新要求、新目标上来，明确历史方位，坚持高举旗帜，坚决维护核心。

明确历史方位，坚持高举旗帜，坚决维护核心，不是空洞的口号，不是抽象的概念。具体地说，要归结到 3 个基本方面：这就是坚持党的基本路线不动摇，不断增强“四个自信”，牢固树立“四个意识”。坚持党的基本路线不动摇，就是坚持党在社会主义初级阶段的基本路线，即“一个中心、两个基本点”不动摇。其着重点和出发点就是在继续推动发展的基础上，着力解决好发展不平衡不充分问题，大力提升发展质量和效益，满足人民日益增长的美好生活需要，更好推动人的全面发展、社会全面进步。牢记我国仍处于并将长期处于社会主义初级阶段的基本国情没有变，我国是世界最大发展中国家的国际地位没有变。既不超越阶段，也不落后实际。不断增强“四个自信”，就是要不断增强中国特色社会主义的道路自信、理论自信、制度自信、文化自信。其着力点和落脚点就是要认真学习贯彻习近平新时代中国特色社会主义思想和基本方略，用这一思想武装头脑、指导实践、推动工作。牢固树立“四个意识”，就是要牢固树立政治意识、大局意识、核心意识、看齐意识，其关键点和要点就是坚决维护习近平总书记的核心地位，坚决维护以习近平同志为核心的党中央的权威，坚决维护以习近平同志为核心的党中央的集中统一领导。不忘初心，牢记使命，高举中国特色社会主义伟大旗帜，决胜全面建成小康社会，夺取新时代中国特色社会主义伟大胜利，为实现中华民族伟大复兴的中国梦不懈奋斗。

# 习近平新时代中国特色社会主义思想实现了马克思主义中国化新的飞跃*

党的十九届六中全会审议通过的《中共中央关于党的百年奋斗重大成就和历史经验的决议》指出，以习近平同志为主要代表的中国共产党人，坚持把马克思主义基本原理同中国具体实际相结合、同中华优秀传统文化相结合，坚持毛泽东思想、邓小平理论、“三个代表”重要思想、科学发展观，深刻总结并充分运用党成立以来的历史经验，从新的实际出发，创立了习近平新时代中国特色社会主义思想。习近平新时代中国特色社会主义思想是当代中国马克思主义、二十一世纪马克思主义，是中华文化和中国精神的时代精华，实现了马克思主义中国化新的飞跃。这一重要论述科学阐明了确立习近平新时代中国特色社会主义思想指导地位的重大意义，标明了这一重要思想在马克思主义发展史、中华文化发展史上的重要地位，是党中央

---

* 本文发表于《旗帜》2021 年第 12 期。

对习近平新时代中国特色社会主义思想的时代主题、历史地位、理论价值的最新概括，实现了党的指导思想的与时俱进，体现了党在政治上理论上的高度成熟、高度自信，为进一步增强全面贯彻习近平新时代中国特色社会主义思想的政治自觉、理论自觉、行动自觉提供了重要指引。

## 一、习近平新时代中国特色社会主义思想深刻回答了重大时代课题

伟大时代呼唤伟大理论，伟大理论指引伟大实践。党的十八大以来，以习近平同志为核心的党中央统筹把握中华民族伟大复兴战略全局和世界百年未有之大变局，坚持用马克思主义的立场、观点、方法观察时代、把握时代、引领时代，对关系新时代党和国家事业发展的一系列重大理论和实践问题进行了深邃思考和科学判断，创立了习近平新时代中国特色社会主义思想。这一思想是在伟大时代中应运而生、顺势而成的，是立足时代之基、回答时代之问、引领时代之变的科学理论，是当今最现实、最鲜活的马克思主义。

### （一）深刻回答了新时代坚持和发展什么样的中国特色社会主义、怎样坚持和发展中国特色社会主义的重大时代课题

中国特色社会主义是人类对社会主义探索的重要组成部分，是世界社会主义事业发展的亮点，是中国共产党领导中国人民历尽千辛万苦、付出巨大代价取得的根本成就，是实现中华民族伟大复兴的正确道路。习近平总书记深刻指出，坚持和发展中国特色社会主义是一篇大文章，我们这一代共产党人的任务，就是继续把这篇大文章写下去；中国特色社会主义，是科学社会主义理论逻辑和中国社会发展历史逻辑的辩证统一，是植根于中国大地、反映中国人民意愿、适应中国和时代发展进步要求的科学社会主义，是全面建成小康社会、加快推进社会主义现代化、实现中华民族伟大复兴的必由之路。习近平总书记以高瞻远瞩的战略视野和把握全局的战略思维，作出中国特色社会主义进入了新的发展阶段的重大战略判断，提出新的时代条件下要进行伟大斗争、建设伟大工程、推进伟大事业、实现伟大梦想；提出统筹推进“五位一体”总体布局、协调推进“四个全面”战略布局，牢牢把握中国特色社会主义发展的总体格局和战略重心；明确提出决胜全面建成小康社会，开启全面建设社会主义现代化国家新征程的历史性战略任务；等等。党的

十八大以来，党和国家事业取得历史性成就、发生历史性变革，彰显了中国特色社会主义的强大生机活力，使马克思主义以崭新形象展现在世界上，使世界范围内社会主义和资本主义两种意识形态、两种社会制度的历史演进及其较量发生了有利于社会主义的重大转变。

### （二）深刻回答了建设什么样的社会主义现代化强国、怎样建设社会主义现代化强国的重大时代课题

现代化是一个世界性潮流，实现现代化是各国人民的共同向往。中国式现代化道路是一代又一代中国共产党人，胸怀实现现代化的历史宏愿，团结带领人民艰辛探索出来的。在分析国际国内形势和我国发展条件的基础上，习近平总书记提出，坚持和发展中国特色社会主义总任务是实现社会主义现代化和中华民族伟大复兴，在全面建成小康社会的基础上分两步走，在本世纪中叶建成富强民主文明和谐美丽的社会主义现代化强国，以中国式现代化推进中华民族伟大复兴。围绕如何全面建设社会主义现代化这一重大问题，习近平总书记强调，我们要建设的现代化是人与自然和谐共生的现代化；要推进国家治理体系和治理能力现代化；要在坚持以经济建设为中心的同时，全面推进经济建设、政治建设、文化建设、社会建设、生态文明建设，促进现代化建设各个环节、各个方面协调发展；等等。

党的十八大以来，经过全党全国各族人民持续奋斗，我们实现了第一个百年奋斗目标，在中华大地上全面建成小康社会，历史性地解决了绝对贫困问题，正在意气风发向着全面建成社会主义现代化强国的第二个百年奋斗目标迈进。在这一过程中，我们党对建设社会主义现代化国家在认识上不断深入、在战略上不断成熟、在实践上不断丰富，加速了我国现代化发展进程，极大深化了我们党对社会主义现代化建设规律的认识，为创造中国式现代化道路、实现中华民族伟大复兴提供了更为完善的制度保证、更为坚实的物质基础、更为主动的精神力量。

### （三）深刻回答了建设什么样的长期执政的马克思主义政党、怎样建设长期执政的马克思主义政党的重大时代课题

勇于自我革命，是我们党最鲜明的品格，是我们党最大的优势，是中国共产党区别于其他政党的显著标志。习近平总书记强调，打铁必须自身硬，办好中国的事情，关键在党，关键在党要管党、全面从严治党。必须探索出一条党长期执政条件下实现自我革命的有效路径，这关乎党和国家事业成败，关乎我们能不能跳出治乱兴衰历史周期率。党的十八大以来，以习近平同志为核心的党中央，勇于面对党面临的重大风险考验和党内存在的突出问题，坚持和加强党的全面领导，推进全面从严治党，以顽强意志品质正风肃纪、反腐惩恶，经过坚决斗

争，全面从严治党的政治引领和政治保障作用充分发挥，党的自我净化、自我完善、自我革新、自我提高能力显著增强，管党治党宽松软状况得到根本扭转，反腐败斗争取得压倒性胜利并全面巩固，消除了党、国家、军队内部存在的严重隐患，党在革命性锻造中更加坚强。习近平新时代中国特色社会主义思想，正是在不断推进党的自我革命，实现党自我净化、自我完善、自我革新、自我提高的过程中创立并不断丰富发展的。这一思想探索出一条长期执政条件下解决自身问题、跳出治乱兴衰历史周期率的成功道路。

## 二、习近平新时代中国特色社会主义思想提出了一系列原创性的治国理政新理念新思想新战略

习近平新时代中国特色社会主义思想是不断发展的开放的理论，在指导新时代伟大社会革命和伟大自我革命的历史进程中，随着中国特色社会主义伟大实践的深入推进而持续发展、不断丰富、更加完善。

党的十八大以来，习近平总书记以马克思主义政治家、思想家、战略家的伟大历史主动精神、巨大政治勇气、强烈责任担当，以“我将无我，不负人民”的赤子情怀，提出一系列原创性的治国理政新理念新思想新战略，进一步丰富完善了党的创新理

论体系。比如，在坚持党的全面领导上，强调党的领导是党和国家的根本所在、命脉所在，是全国各族人民的利益所系、命运所系，全党必须自觉在思想上政治上行动上同党中央保持高度一致，提高科学执政、民主执政、依法执政水平，提高把方向、谋大局、定政策、促改革的能力，确保充分发挥党总揽全局、协调各方的领导核心作用。在全面从严治党上，强调坚持严的主基调，突出抓住"关键少数"，落实主体责任和监督责任，强化监督执纪问责，把全面从严治党贯穿于党的建设各方面。在经济建设上，作出我国经济发展进入新常态的重大论断，强调贯彻新发展理念是关系我国发展全局的一场深刻变革，必须实现创新成为第一动力、协调成为内生特点、绿色成为普遍形态、开放成为必由之路、共享成为根本目的的高质量发展。在全面深化改革开放上，强调改革只有进行时、没有完成时，要敢于啃硬骨头，敢于涉险滩，突出制度建设，注重改革关联性和耦合性，真枪真刀推进改革，有效破除各方面体制机制弊端。在政治建设上，指出必须使中国特色社会主义政治制度深深扎根于中国社会土壤，提出要积极发展全过程人民民主，构建多样、畅通、有序的民主渠道，使各方面制度和国家治理更好体现人民意志、保障人民权益、激发人民创造。在全面依法治国上，指出依法治国首先要坚持依宪治国，坚持依法执政首先要坚持依宪执政；强调要坚持依法治国、依法执政、依法行政共同推进，坚持法治国家、法治政府、法治社会一体建设，全面增强全社会尊法学法守法用法意识和能力。在文化建设上，指出意识形态工作是为国家立心、为民族立魂的工作，文化自信是更基础、更广泛、更深厚的自信；强调必须坚持以人民为中心的工作导向，建设具有强大凝聚力和引领力的社会主义意识形态，建设社会主义文化强国，更好构筑中国精神、中国价值、中国力量，巩固全党全国各族人民团结奋斗的共同思想基础。在社会建设上，强调人民对美好生活的向往就是我们的奋斗目标，让老百姓过上好日子是我们一切工作的出发点和落脚点；指出必须一件事情接着一件事情办，一年接着一年干，在幼有所育、学有所教、劳有所得、病有所医、老有所养、住有所居、弱有所扶上持续用力，使人民获得感、幸福感、安全感更加充实、更有保障、更可持续。在生态文明建设上，强调生态文明建设是关乎中华民族永续发展的根本大计，必须坚持绿水青山就是金山银山的理念，像保护眼睛一样保护生态环境，像对待生命一样对待生态环境。在国防和军队建设上，强调必须建设同我国国际地位相称、同国家安全和发展利益相适应的巩固国防和强大人民军队；提出新时代的强军目标，确立新时代军事战略方针，制定国防和军队现代化新“三步走”战略。在维护国家安全上，强调必须坚持底线思维、居安思危、未雨绸缪，统筹发展和安全，统筹开放和安全，统筹传统安全和非传统安全，统筹自身安全和共同安全，统筹维护国家安全和塑造国家安全。在坚持“一国两制”和推进祖国统一上，强调坚持依法治港治澳，维护宪法和基本法确定的特别行政区宪制秩序，落实中央对特别行政区全面管治权，坚定落实“爱国者治港”“爱国者治澳”；强调解决台湾问题、实现祖国完全统一，是党矢志不渝的历史任务，是全体中华儿女的共同愿望，是实现中华民族伟大复兴的必然要求。在外交工作上，强调必须统筹国内国际两个大局，健全党对外事工作领导体制机制，加强对外工作顶层设计，推动构建人类命运共同体，弘扬和平、发展、公平、正义、民主、自由的全人类共同价值，引领人类进步潮流，等等。

这些战略思想和创新理念，是党的十八大以来历史性成就和历史性变革的重要理论结晶，是在历史的逻辑中前进、在时代的潮流中发展的，凝结着我们党坚持和发展中国特色社会主义的宝贵经验，反映了以习近平同志为核心的党中央对世情国情党情发展变化作出的准确识变和科学应变，体现了理论与实际相结合、认识论和方法论相统一的鲜明特色。

## 三、习近平新时代中国特色社会主义思想是中华文化和中国精神的时代精华

中华民族是世界上古老而伟大的民族，创造了绵延 5000 多

年的灿烂文明，为人类文明进步作出了不可磨灭的贡献。中华优秀传统文化是中华民族的根和魂，是中国特色社会主义植根的文化沃土。中国共产党人是马克思主义的坚定信仰者和实践者，也是中华优秀传统文化的忠实传承者和弘扬者。党的十八大以来，以习近平同志为核心的党中央高度重视中华优秀传统文化，不断推进中华优秀传统文化创造性转化、创新性发展，以新的时代内涵增强其生命力，使之成为治国理政的重要思想文化资源。比如，坚持以人民为中心，汲取了“民惟邦本，本固邦宁”“以百姓心为心”的民本理念；全面深化改革，体现了“周虽旧邦，其命维新”“苟日新，日日新，又日新”的变革思想；人与自然和谐共生，秉承了“道法自然”“天地与我并生，而万物与我为一”的天人之道；推动构建人类命运共同体，吸收了“协和万邦”“天下一家”的和合智慧；等等。习近平新时代中国特色社会主义思想，坚持把马克思主义基本原理同中国具体实际相结合、同中华优秀传统文化相结合，深刻汲取博大精深的中华优秀传统文化所蕴含的丰富哲学思想、人文精神、道德理念，是对中华优秀传统文化进行创造性转化、创新性发展的典范。这一思想实现了中华优秀传统文化的赓续传承与弘扬光大，充盈着浓郁的中国味、深厚的中华情、浩然的民族魂，推动悠久的中华文明在新时代展现新貌、焕发青春。

同时，习近平新时代中国特色社会主义思想传承和弘扬中华优秀传统文化基因，深刻反映中华民族自古以来的梦想和追求，承载中国共产党人为民族谋复兴的使命，擘画实现民族复兴中国梦的宏伟蓝图，高扬伟大建党精神，凝聚了中华民族伟大创造精神、伟大奋斗精神、伟大团结精神、伟大梦想精神，为实现中华民族伟大复兴提供了强大精神力量，具有强大的历史穿透力、文化感染力和精神感召力，有效激活了中华优秀传统文化的生命力，使马克思主义在中国大地焕发出新的勃勃生机。

总之，作为党和国家必须长期坚持的指导思想，习近平新时代中国特色社会主义思想为新时代坚持和发展中国特色社会主义高高举起了精神旗帜，为世界和平和人类进步提供了中国智慧，必将在中华民族复兴史上、马克思主义发展史上和人类社会进步史上绽放出更为灿烂的真理光芒。

# 开辟马克思主义中国化时代化新境界*

习近平总书记在党的二十大报告中鲜明提出并科学阐述了一个具有深刻理论内涵和重大政治意义的命题，这就是“开辟马克思主义中国化时代化新境界”。这个命题是对我们党成立以来党的理论创新伟大历程的全面回顾和深刻总结，是对党的十八大以来党的理论创新新鲜经验的科学概括和高度凝练，也是对新时代新征程加强党的思想理论建设、继续推进党的理论创新作出的重要政治宣示，明确的庄严历史责任，提出的重大战略任务。认真学习、深入领会这个命题，对我们全面贯彻习近平新时代中国特色社会主义思想，贯彻落实好党的二十大精神，在新时代坚持和发展中国特色社会主义，在实践的基础上继续把马克思主义中国化时代化推向前进，具有极其重大的现实意义和深远的历史意义。

* 本文发表于《人民日报》2022年11月28日。

## 一、习近平新时代中国特色社会主义思想实现了马克思主义中国化时代化新的飞跃

一个民族要走在时代前列，就一刻不能没有理论思维，一刻不能没有正确思想指引。马克思主义是我们立党立国、兴党兴国的根本指导思想。实践告诉我们，中国共产党为什么能，中国特色社会主义为什么好，归根到底是马克思主义行，是中国化时代化的马克思主义行。拥有马克思主义科学理论指导是我们党坚定信仰信念、把握历史主动的根本所在。

时代是思想之母，实践是理论之源。当代中国正经历着我国历史上最为广泛而深刻的社会变革，也正在进行着人类历史上最为宏大而独特的实践创新。推进马克思主义中国化时代化是一个追求真理、揭示真理、笃行真理的过程。中国特色社会主义新时代是一个迫切需要科学理论而且一定能够产生科学理论的时代。

党的十八大以来，面对国内外形势新变化和实践新要求，以习近平同志为主要代表的中国共产党人，坚持把马克思主义基本原理同中国具体实际相结合、同中华优秀传统文化相结合，坚持毛泽东思想、邓小平理论、“三个代表”重要思想、科学发展观，深刻总结并充分运用党成立以来的历史经验，从新的实际出发，创立了习近平新时代中国特色社会主义思想。

习近平总书记对关系新时代党和国家事业发展的一系列重大理论和实践问题进行了深邃思考和科学判断，就新时代坚持和发展什么样的中国特色社会主义、怎样坚持和发展中国特色社会主义，建设什么样的社会主义现代化强国、怎样建设社会主义现代化强国，建设什么样的长期执政的马克思主义政党、怎样建设长期执政的马克思主义政党等重大时代课题，提出一系列原创性的治国理政新理念新思想新战略，科学回答了新时代坚持和发展中国特色社会主义的总目标、总任务、总体布局、战略布局和发展方向、发展方式、发展动力、战略步骤、外部条件、政治保证等基本问题，并根据新的实践对经济、政治、法治、科技、文化、教育、民生、民族、宗教、社会、生态文明、国家安全、国防和军队、“一国两制”和祖国统一、统一战线、外交、党的建设等各方面作出理论分析和政策指导，以全新的视野深化了对共产党执政规律、社会主义建设规律、人类社会发展规律的认识，为推进中国特色社会主义事业提供了科学思想指引。习近平新时代中国特色社会主义思想是在新时代的伟大实践中应运而生的，是立足时代之基、回答时代之问、引领时代之变的科学理论，实现了马克思主义中国化时代化新的飞跃。习近平总书记是习近平新时代中国特色社会主义思想的主要创立者，对这一思想的创立发挥了决定性作用、作出了决定性贡献。

伟大时代产生伟大理论，伟大理论指引伟大实践。党的十八大以来的实践充分证明，习近平新时代中国特色社会主义思想是当代中国马克思主义、二十一世纪马克思主义，是中华文化和中国精神的时代精华，是党和人民实践经验和集体智慧的结晶，是全党全国人民为实现中华民族伟大复兴而奋斗的行动指南。全党要增强政治自觉、思想自觉、行动自觉，把习近平新时代中国特色社会主义思想贯彻落实到党和国家工作各方面全过程，让这一思想彰显出更加强大的真理力量和实践伟力。

## 二、坚持和发展马克思主义，必须同中国具体实际相结合

马克思主义科学揭示了人类社会发展规律，指明了人类寻求自身解放的道路，推进了人类文明进程，是我们认识世界、改造世界的强大思想武器。但是，正如恩格斯所深刻指出的那样：“马克思的整个世界观不是教义，而是方法。它提供的不是现成的教条，而是进一步研究的出发点和供这种研究使用的方法。”马克思主义的生命力、活力、魅力在于创新，在于同各个国家、各个民族的具体实际和时代特征相结合。离开本国、本民族实际和时代发展来谈马克思主义没有意义，僵化地拘泥于马克思主义经典作家的个别结论没有出路。马克思主义是我们

行动的指南，而不是教条。

我们党是一个高度重视理论指导、勇于进行理论创新的马克思主义政党。党在领导革命、建设、改革的长期实践中，始终坚持把马克思主义基本原理同中国具体实际相结合。这个结合的过程，既是党艰苦探索的过程，也是党领导人民勇于实践的过程。在这个过程中，我们党有经验，也有教训。党在幼年时期，在对待马克思主义的态度上，曾出现过两种错误倾向：一种倾向是理论脱离实际，以教条主义态度对待马克思主义，不从中国实际出发，一切照抄本本，照搬教条；另一种倾向是轻视马克思主义理论，以经验主义态度对待马克思主义，不重视理论指导，满足于自己的狭隘经验。这两种错误倾向都曾给党的事业造成损失。

党在推进理论创新的历史进程中，坚持解放思想和实事求是相统一、培元固本和守正创新相统一，不断开辟马克思主义中国化时代化新境界，先后创立和形成了毛泽东思想、邓小平理论、“三个代表”重要思想、科学发展观、习近平新时代中国特色社会主义思想，为党和人民事业发展提供了科学理论指导。我们党的历史，就是一部不断推进马克思主义中国化时代化的历史，就是一部不断推进理论创新、进行理论创造的历史。

当今世界正经历百年未有之大变局，中华民族伟大复兴正处在关键时期。面对快速变化的世界和中国，如果墨守成规、思想僵化，没有理论创新的勇气，不能科学回答中国之问、世界之问、人民之问、时代之问，不仅党和国家事业无法继续前进，马克思主义也会失去生命力、说服力。我们必须坚持运用辩证唯物主义和历史唯物主义，坚持解放思想、实事求是、与时俱进、求真务实，准确把握时代大势，勇于站在人类发展前沿，聆听人民心声，回应现实需要，把坚持马克思主义和发展马克思主义统一起来，坚持用马克思主义之“矢”去射新时代中国之“的”，一切从实际出发，着眼解决新时代改革开放和社会主义现代化建设的实际问题，作出符合中国实际和时代要求的正确回答，得出符合客观规律的科学认识，形成与时俱进的理论成果，更好指导中国实践。

## 三、坚持和发展马克思主义，必须同中华优秀传统文化相结合

中华民族是世界上古老而伟大的民族，创造了绵延5000多年的灿烂文明，为人类文明进步作出了不可磨灭的贡献。中华优秀传统文化源远流长、博大精深，是中华文明的智慧结晶，其中蕴含的天下为公、民为邦本、为政以德、革故鼎新、任人唯贤、天人合一、自强不息、厚德载物、讲信修睦、亲仁善邻等，是中国人民在长期生产生活中积累的宇宙观、天下观、社

会观、道德观的重要体现，同科学社会主义价值观主张具有高度契合性。中华优秀传统文化是中华民族的根和魂，是中国特色社会主义植根的文化沃土。

马克思主义是世界的，也是中国的。只有植根本国、本民族历史文化沃土，马克思主义真理之树才能根深叶茂。马克思主义来到中国，被中国人民所接受，深刻地改变了中国。同时，中国共产党和中国人民在自己的伟大创新实践中又丰富和发展了马克思主义，马克思主义在中国呈现出更多的中国特色、中国风格、中国气派。在中国近现代历史上之所以会出现如此壮丽的文化景观和气象，是因为我们党把马克思主义基本原理同中华优秀传统文化相结合，马克思主义激活了中华优秀传统文化的生命力，中华优秀传统文化为马克思主义在中国生根发芽、开花结果提供了文化沃土。两者相辅相成、相得益彰。历史表明，中国共产党人是马克思主义的坚定信仰者和实践者，也是中华优秀传统文化的忠实传承者和弘扬者。

我们必须坚定历史自信、文化自信，坚持古为今用、推陈出新，深刻汲取博大精深的中华优秀传统文化所蕴含的丰富哲学思想、人文精神、价值观念、道德规范，推动中华优秀传统文化创造性转化、创新性发展，把马克思主义思想精髓同中华优秀传统文化精华贯通起来、同人民群众日用而不觉的共同价值观念融通起来，激发全民族文化创新创造活力，不断赋予科学理论鲜明的中国特色，不断夯实马克思主义中国化时代化的历史基础和群众基础，让马克思主义在中国牢牢扎根，让中华文明展现出更加璀璨的时代风采。

## 四、坚持好、运用好贯穿习近平新时代中国特色社会主义思想的立场观点方法

实践没有止境，理论创新也没有止境。对于肩负着重大历史使命的中国共产党人来说，推进马克思主义中国化时代化永远在路上。习近平总书记强调：“不断谱写马克思主义中国化时代化新篇章，是当代中国共产党人的庄严历史责任。继续推进实践基础上的理论创新，首先要把握好新时代中国特色社会主义思想的世界观和方法论，坚持好、运用好贯穿其中的立场观点方法。”

### （一）必须坚持人民至上

坚持人民至上，是习近平新时代中国特色社会主义思想的根本立场，是推进马克思主义中国化时代化的根本出发点。人民性是马克思主义的本质属性。党的理论是来自人民、为了人民、造福人民的理论，人民的创造性实践是理论创新的不竭源泉。一切脱离人民的理论都是苍白无力的，一切不为人民造福的理论都是没有生命力的。我们要站稳人民立场、把握人民愿

望、尊重人民创造、集中人民智慧，形成为人民所喜爱、所认同、所拥有的理论，使之成为指导人民认识世界和改造世界的强大思想武器。

### （二）必须坚持自信自立

坚持自信自立，是习近平新时代中国特色社会主义思想的精神特质，是推进马克思主义中国化时代化的基本立足点。中国人民和中华民族从近代以后的深重苦难走向伟大复兴的光明前景，从来就没有教科书，更没有现成答案。党的百年奋斗成功道路是党领导人民独立自主探索开辟出来的，马克思主义的中国篇章是中国共产党人依靠自身力量实践出来的，贯穿其中的一个基本点就是中国的问题必须从中国基本国情出发，由中国人自己来解答。我们要坚持对马克思主义的坚定信仰、对中国特色社会主义的坚定信念，坚定道路自信、理论自信、制度自信、文化自信，以更加积极的历史担当和创造精神为发展马克思主义作出新的贡献，既不能刻舟求剑、封闭僵化，也不能照抄照搬、食洋不化。

### （三）必须坚持守正创新

坚持守正创新，是习近平新时代中国特色社会主义思想的理论品格，是推进马克思主义中国化时代化的主要着力点。我们从事的是前无古人的伟大事业，守正才能不迷失方向、不犯颠覆性错误，创新才能把握时代、引领时代。我们要以科学的态度对待科学、以真理的精神追求真理，坚持马克思主义基本原理不动摇，坚持党的全面领导不动摇，坚持中国特色社会主义不动摇，紧跟时代步伐，顺应实践发展，以满腔热忱对待一切新生事物，不断拓展认识的广度和深度，敢于说前人没有说过的新话，敢于干前人没有干过的事情，以新的理论指导新的实践。

### （四）必须坚持问题导向

坚持问题导向，是习近平新时代中国特色社会主义思想的鲜明风格，是推进马克思主义中国化时代化的现实着眼点。问题是时代的声音，回答并指导解决问题是理论的根本任务。今天我们所面临问题的复杂程度、解决问题的艰巨程度明显加大，给理论创新提出了全新要求。我们要增强问题意识，聚焦实践遇到的新问题、改革发展稳定存在的深层次问题、人民群众急难愁盼问题、国际变局中的重大问题、党的建设面临的突出问题，不断提出真正解决问题的新理念新思路新办法。

### （五）必须坚持系统观念

坚持系统观念，是习近平新时代中国特色社会主义思想的科学方法，是推进马克思主义中国化时代化的关键统筹点。万事万物是相互联系、相互依存的。只有用普遍联系的、全面系统的、发展变化的观点观察事物，才能把握事物发展规律。我国是一个发展中大国，仍处于社会主义初级阶段，正在经历广泛而深刻的社会变革，推进改革发展、调整利益关系往往牵一发而动全身。我们要善于通过历史看现实、透过现象看本质，把握好全局和局部、当前和长远、宏观和微观、主要矛盾和次要矛盾、特殊和一般的关系，不断提高战略思维、历史思维、辩证思维、系统思维、创新思维、法治思维、底线思维能力，为前瞻性思考、全局性谋划、整体性推进党和国家各项事业提供科学思想方法。

### （六）必须坚持胸怀天下

坚持胸怀天下，是习近平新时代中国特色社会主义思想的全球视野，是推进马克思主义中国化时代化的重要站位点。中国共产党是为中国人民谋幸福、为中华民族谋复兴的党，也是为人类谋进步、为世界谋大同的党。我们要拓展世界眼光，深刻洞察人类发展进步潮流，积极回应各国人民普遍关切，为解决人类面临的共同问题作出贡献，以海纳百川的宽阔胸襟借鉴吸收人类一切优秀文明成果，推动建设更加美好的世界。

# 关于开辟马克思主义中国化时代化新境界的几个重大理论问题*

当前，全党正在深入开展学习贯彻习近平新时代中国特色社会主义思想主题教育。这次主题教育的主要任务就是用党的创新理论武装头脑、凝心铸魂，使全党始终统一思想、统一意志、统一行动，向着强国建设、民族复兴的宏伟目标奋勇前进。习近平新时代中国特色社会主义思想是当代中国马克思主义、二十一世纪马克思主义，是中华文化和中国精神的时代精华，实现了马克思主义中国化时代化新的飞跃，开辟了马克思主义中国化时代化的新境界。我们要全面学习领会习近平新时代中国特色社会主义思想的科学体系、核心要义、精神实质、实践要求，做到整体把握、融会贯通，不断增进对党的创新理论的政治认同、思想认同、理论认同、情感认同。

* 本文发表于《党建》2023年第6期。

## 一、“两个结合”是推进马克思主义中国化时代化的根本途径

“两个结合”是习近平总书记提出的一个新的重大命题，开创了我们党理论创新的新格局。党的二十大报告对“两个结合”的重大意义、基本内涵和实践要求进行了系统、科学、完整的阐述，指明了实现马克思主义中国化时代化的根本途径，揭示了马克思主义在二十一世纪中国生机勃发的核心密码。

回顾党的历史，我们党一直强调“一个结合”，对“第二个结合”没有作出明确的理论概括。那么，我们党是怎样提出“一个结合”的？“一个结合”又是怎样发展到“两个结合”的？刘少奇同志曾说过：“中国党有一极大的弱点，这个弱点，就是党在思想上的准备、理论上的修养是不够的，是比较幼稚的。”由于思想上准备不充分，我们党在早期还没有自己的创新理论，在对待马克思主义的态度上，曾出现过两种错误倾向：一种倾向是理论脱离实际，以教条主义的态度对待马克思主义，不从中国实际出发，一切照抄本本，照搬教条；另一种倾向是轻视马克思主义理论，以经验主义的态度对待马克思主义，不重视理论指导，满足于自己的狭隘经验。这两种错误倾向都曾使中国革命遭受挫折，使党和人民的事业蒙受损失。对此，

毛泽东同志深刻指出：“马克思主义必须和我国的具体特点相结合并通过一定的民族形式才能实现。”这就提出了“一个结合”的重大命题。改革开放和社会主义现代化建设新时期，邓小平、江泽民、胡锦涛同志从新的实践和时代特征出发，就“一个结合”进行了深入的阐述，提出了明确的要求。

党的十八大以来，随着中国道路越走越宽广，我们党展现出前所未有的历史自信、文化自信，对中华优秀传统文化在马克思主义中国化时代化中地位作用的认识也越来越深刻。习近平总书记立足中华民族伟大复兴战略全局和世界百年未有之大变局，从历史、现实、未来的贯通中把握历史规律和发展趋势，在继承发展“一个结合”重要论述的基础上，提出了“两个结合”的新论断，他深刻指出：“如果没有中华五千年文明，哪里有什么中国特色？如果不是中国特色，哪有我们今天这么成功的中国特色社会主义道路？”我们党深刻认识到，中华优秀传统文化是中华民族的根和魂，也是我们党创新理论的根和魂，推进马克思主义中国化时代化的根本途径是“两个结合”。只有把马克思主义基本原理同中国具体实际相结合、同中华优秀传统文化相结合，坚持运用辩证唯物主义和历史唯物主义，才能正确回答时代和实践提出的重大问题，才能始终保持马克思主义的蓬勃生机和旺盛活力。党的十八大以来，以习近平同志为主要代表的中国共产党人，坚持把马克思主义基本原理同中国具体实际相结合、同中华优秀传统文化相结合，科学回答了新时代坚持和发展什么样的中国特色社会主义、怎样坚持和发展中国特色社会主义，建设什么样的社会主义现代化强国、怎样建设社会主义现代化强国，建设什么样的长期执政的马克思主义政党、怎样建设长期执政的马克思主义政党等重大时代课题，创立了习近平新时代中国特色社会主义思想。这一重要思想是“两个结合”的光辉典范。

可见，从“一个结合”到“两个结合”，绝不仅仅是数量上的简单变化，也绝不仅仅是概念上的简单叠加，而是党的理论创新长期实践经验的科学总结，是新时代党和人民历史自觉和文化自觉空前提升的产物。当然，任何一个现实的东西，它既携带着过去，又孕育着未来。“一个结合”和“两个结合”并不是毫无关系的两个东西或者两个阶段，而是相互联系、相互促进、相得益彰的。从本质看，“一个结合”中的“中国具体实际”包括社会现实和历史文化两部分，“一个结合”内在包含着马克思主义基本原理同中国具体实际相结合、同中华优秀传统文化相结合的双重意蕴。由于当时社会历史条件和认识的限制，我们党还没有明确对此加以强调。从今天的历史高度来看待这个问题，认识把握两者的关系，“一个结合”是“两个结合”的前提和基础，“两个结合”是“一个结合”的拓展和深化。“两个结合”是对“一个结合”的理论升华，是一个重大理论创新和全新命题。

“两个结合”的重大论断具有丰富的思想内涵，蕴含着马克思主义中国化时代化的鲜明特征。第一个结合解决的是理论与实际、主观与客观的关系，就是指我们党以马克思主义为指导，坚持一切从实际出发，着眼解决革命、建设、改革过程中的实际问题，不断回答中国之问、世界之问、人民之问、时代之问，作出符合中国实际和时代要求的正确回答，使马克思主义在中国开花结果，走出了一条中国特色社会主义发展道路。第二个结合解决的是古与今、中与外的关系，就是指我们党坚定历史自信、文化自信，坚持古为今用、推陈出新，把马克思主义思想精髓同中华优秀传统文化精华贯通起来、同人民群众日用而不觉的共同价值观念融通起来，不断夯实马克思主义中国化时代化的历史基础和群众基础，让马克思主义在中国牢牢扎根。我们党坚持“两个结合”，不断推进马克思主义中国化时代化，为党和人民事业发展提供了既一脉相承又与时俱进的科学理论指导。与此同时，我们党运用马克思主义立场观点方法，推动中华文明创造性转化和创新性发展，激活其生命力，把跨越时空、超越国度、富有永恒魅力、具有当代价值的文化精神弘扬起来，让中华文明为人类发展和进步提供借鉴、作出贡献。

“两个结合”在继承发展马克思主义基本原理同中国具体实际相结合的基础上，着重强调马克思主义基本原理同中华优秀传统文化的结合，为继续推进马克思主义中国化时代化开辟了广阔空间。从理论创新看，不断赋予科学理论鲜明的中国特色。中华民族有着深厚文化传统，形成了富有特色的思想体系，体现了中国人几千年来积累的知识智慧和理性思辨。这是我国的独特优势。坚持“两个结合”，深入挖掘中华5000多年文明的精髓，将它同马克思主义的立场观点方法结合起来，可以厚植理论创新的历史根基、文化血脉，使党的创新理论充盈着浓郁的中国味、深厚的中华情、浩然的民族魂，具有强大的历史穿透力、文化感染力、精神感召力，成为彰显文化自信、饱含历史自觉、赓续中华文脉的理论。从实践创新看，为中国式现代化注入强大的发展动能。每个国家和民族的历史传统、文化积淀、基本国情不同，其发展道路必然有着自己的特色。解决中国的问题只能在中国大地上探寻适合自己的道路和办法。党的二十大擘画了全面建成社会主义现代化强国、以中国式现代化全面推进中华民族伟大复兴的宏伟蓝图。中国式现代化深深植根于中华优秀传统文化沃土，体现科学社会主义的先进本质，借鉴吸收一切人类优秀文明成果，代表人类文明进步的发展方向，展现了不同于西方现代化模式的新图景，是一种全新的人类文明形态。在坚持“两个结合”中不断推进中国式现代化，挖掘吸收中华优秀传统文化的思想精华，可以实现传统与现代的深度融合，筑牢中国式现代化的文化根基，助力中国式现代化不断铸就新辉煌。

## 二、“六个必须坚持”是习近平新时代中国特色社会主义思想的精髓和活的灵魂

理论学习和理论武装不仅要掌握科学理论的基本概念、基本原理、基本论断，还要把握运用科学理论蕴含的立场观点方法。党的二十大报告指出，“继续推进实践基础上的理论创新，首先要把握好新时代中国特色社会主义思想的世界观和方法论，坚持好、运用好贯穿其中的立场观点方法”，并提出了“六个必须坚持”，即必须坚持人民至上、必须坚持自信自立、必须坚持守正创新、必须坚持问题导向、必须坚持系统观念、必须坚持胸怀天下，这是党的二十大报告又一重大理论创新。“六个必须坚持”深刻揭示了习近平新时代中国特色社会主义思想的理论品格和鲜明特质，清晰地阐明了党的理论创新的价值取向是什么，基本立足点是什么，原则方向是什么，主要着力点是什么，思想方法是什么，应有的胸襟视野是什么。

“六个必须坚持”是相互联系、内在统一的有机整体，贯穿于“十个明确”“十四个坚持”“十三个方面成就”的全部内容之中。习近平新时代中国特色社会主义思想的科学内涵是什么？就是党的十九大和党的十九届六中全会总结概括的“十个明确”“十四个坚持”“十三个方面成就”，“六个必须坚持”则

是党的二十大对这一重要思想的世界观和方法论的概括提炼，也是对贯穿其中的立场观点方法的概括提炼。这两种表述是同一个问题的两个方面，人民至上是这一重要思想的根本立场，自信自立是这一重要思想的精神特质，守正创新是这一重要思想的理论品格，问题导向是这一重要思想的实践要求，系统观念是这一重要思想的科学方法，胸怀天下是这一重要思想的世界情怀。

“六个必须坚持”是在新时代伟大斗争实践中形成的，是习近平新时代中国特色社会主义思想的精髓和活的灵魂，是深刻理解这一重要思想必须牢牢把握的基本点，也是继续推进理论创新必须坚持的基本点。只有认真学习、深刻把握“六个必须坚持”，用“六个必须坚持”进行思维，才能更全面准确领会这一重要思想蕴含的道理学理哲理，做到知其言更知其义、知其然更知其所以然，才能真正在深层次上提高思想理论水平，把思想方法搞对头，才能在实践中活学活用、张弛有度、收放自如。

## 三、正确把握几个重大理论的关系

全面把握习近平新时代中国特色社会主义思想的世界观和方法论，还需要我们正确把握“六个必须坚持”与马克思主义世界观和方法论，与毛泽东思想活的灵魂的 3 个方面，与党章中表述的我们党的思想路线的实质，即解放思想、实事求是、与时俱进、求真务实等几个重大理论的关系。

## （一）“六个必须坚持”是对马克思主义世界观和方法论的创造性运用

马克思主义是我们立党立国、兴党兴国的根本指导思想，辩证唯物主义和历史唯物主义是马克思主义的世界观和方法论。马克思主义是科学的理论、人民的理论、实践的理论、开放的理论，人民立场、独立自主、实践观点、普遍联系、世界历史都是马克思主义的基本立场观点方法。习近平总书记强调，要实现中华民族伟大复兴的中国梦，“必须不断接受马克思主义哲学智慧的滋养，更加自觉地坚持和运用辩证唯物主义世界观和方法论，更好在实际工作中把握现象和本质、形式和内容、原因和结果、偶然和必然、可能和现实、内因和外因、共性和个性的关系，增强辩证思维、战略思维能力，把各项工作做得更好”。党的十八大以来，习近平总书记坚持和运用马克思主义立场观点方法，既部署“过河”的任务，又指导解决“桥和船”的问题，为我们认识问题、分析问题、解决问题树立了典范。这集中体现在“六个必须坚持”之中，比如，坚持人民至上，坚持发展了马克思主义的人民观，马克思主义博大精深，归根到底就是一句话，为人类求解放。又比如，坚持问题导向，坚持发展了马克思主义的矛盾观，系统回答了新时代的重大时代课题，彰显了唯物辩证法的鲜明特征。再比如，坚持胸怀天下，坚持发展了马克思主义为人类求解放的思想，体现了世界性与民族性的辩证统一。马克思主义世界观和方法论是“六个必须坚持”的“源”，“六个必须坚持”是马克思主义世界观和方法论的“流”，它们之间是“源”“流”同一，“源”“流”一致。

### （二）“六个必须坚持”是对毛泽东思想活的灵魂的新时代表达

党的第二个历史决议把实事求是、群众路线、独立自主概括为毛泽东思想活的灵魂的3个基本方面，并对这3个方面的内涵进行了高度概括提炼；党的第三个历史决议充分肯定了第二个历史决议的基本观点，并强调毛泽东思想活的灵魂为党和人民事业发展提供了科学指引，这些重要论断深刻阐明了毛泽东思想活的灵魂的核心要义和本质特征。从内在逻辑关系看，“六个必须坚持”既包含着毛泽东思想活的灵魂，又为它注入崭新的内容，是对毛泽东思想活的灵魂的延伸拓展和丰富发展。比如，坚持人民至上，不仅体现了群众路线的根本价值，还深刻揭示了我们党的初心使命和根本政治立场，体现了当代中国共产党人真挚的人民情怀。又比如，坚持自信自立，既继承独立自主的思想内涵，又反映了我们党作为认识主体的一种历史自信和历史自觉，体现了我们党更加积极的历史担当和创造精神，拓展了独立自主的当代视域。“六个必须坚持”同毛泽东思想活的灵魂一脉相承。

### （三）“六个必须坚持”是对解放思想、实事求是、与时俱进、求真务实的具体展开

解放思想、实事求是、与时俱进、求真务实，体现了辩证唯物主义和历史唯物主义一以贯之的科学精神，是我们党的思想路线的核心内容。这一核心内容与“六个必须坚持”是相互联系、相互统一的。比如，坚持守正创新，这是中国特色社会主义新时代的鲜明气象，也是习近平新时代中国特色社会主义思想的理论品格。这一特点和解放思想、实事求是、与时俱进、求真务实的品格相贯通。党的十八大以来，以习近平同志为核心的党中央在立场、方向、原则、道路等根本性问题上旗帜鲜明、毫不含糊，着力正本清源、固本培元，高扬了理想信念的旗帜、马克思主义的旗帜、中国特色社会主义的旗帜，确保了党不变质、不变色、不变味。同时，面对快速变化的世界和中国，我们党坚持立破并举，以巨大的政治勇气和魄力推进各方面改革创新，推动党和国家事业取得历史性成就、发生历史性变革，中国共产党的面貌、中国人民的面貌、社会主义中国的面貌、中华民族的面貌焕然一新。在这一伟大实践中创立的习近平新时代中国特色社会主义思想，既坚持了老祖宗，又讲

了许多新话，以全新的视野深化了对共产党执政规律、社会主义建设规律、人类社会发展规律的认识，为发展马克思主义作出了原创性贡献。坚持人民至上、坚持自信自立、坚持问题导向、坚持系统观念、坚持胸怀天下，其基本内涵也都是如此。

# 创造新时代中国特色社会主义伟大成就的根本原因*

## ——“两个确立”的确立过程及决定性意义

党的十八大以来，以习近平同志为核心的党中央，以伟大的历史主动精神、巨大的政治勇气、强烈的责任担当，统筹国内国际两个大局，贯彻党的基本理论、基本路线、基本方略，统揽伟大斗争、伟大工程、伟大事业、伟大梦想，坚持稳中求进工作总基调，出台一系列重大方针政策，推出一系列重大举措，推进一系列重大工作，战胜一系列重大风险挑战，解决了许多长期想解决而没有解决的难题，办成了许多过去想办而没有办成的大事，推动党和国家事业取得历史性成就、发生历史性变革。那么，新时代中国特色社会主义的伟大成就是怎样取得的，其根本原因是什么？党的十九届六中全会审议通过的《中共中央关于党的百年奋斗重大成就和历史经验的决议》（以

* 本文发表于《当代中国史研究》2022 年第 3 期。

下简称《决议》)，在总结新时代的9年时得出了一个重大政治判断和结论，这就是“两个确立”的决定性意义。《决议》指出：“党确立习近平同志党中央的核心、全党的核心地位，确立习近平新时代中国特色社会主义思想的指导地位，反映了全党全军全国各族人民共同心愿，对新时代党和国家事业发展、对推进中华民族伟大复兴历史进程具有决定性意义。”

正是因为有习近平总书记领航掌舵，全党才有了顶梁柱，全国14亿多人民才有了主心骨；正是因为有习近平新时代中国特色社会主义思想的科学指引，全党全军全国各族人民才有了思想上的“定盘星”、行动上的“指南针”。因此，可以说“两个确立”是创造新时代中国特色社会主义伟大成就的根本原因。深刻认识新时代历史性变革的伟大成就，总结好党的十八大以来“两个确立”的历史过程及其经验和做法，对我们在新时代新征程上，增强“四个意识”、坚定“四个自信”、做到“两个维护”，实现第二个百年奋斗目标、实现中华民族伟大复兴的中国梦，具有重要的现实意义。

## 一、拨乱反正，严明党的各项纪律特别是政治纪律

一段时间以来，在坚持党的领导和加强党的建设上存在不少问题，有的问题还相当严重。在党内存在着不少对坚持党的

领导认识模糊、行动乏力问题，存在着不少落实党的领导弱化、虚化、淡化、边缘化问题，特别是对党中央重大决策部署执行不力，有的搞上有政策、下有对策，甚至口是心非、擅自行事。由于一度出现管党不力、治党不严问题，有些党员、干部政治信仰出现严重危机，一些地方和部门选人用人风气不正，形式主义、官僚主义、享乐主义和奢靡之风盛行，特权思想和特权现象较为普遍存在。特别是搞任人唯亲、排斥异己的有之，搞团团伙伙、拉帮结派的有之，搞匿名诬告、制造谣言的有之，搞收买人心、拉动选票的有之，搞封官许愿、弹冠相庆的有之，搞自行其是、阳奉阴违的有之，搞尾大不掉、妄议中央的也有之，政治问题和经济问题相互交织，贪腐程度触目惊心。这些问题对党的全面领导造成了严重冲击，影响党的形象和威信，严重损害党群干群关系，引起广大党员、干部群众强烈不满和义愤。

2013 年 8 月 19 日，习近平总书记在讲话中曾指出一些党员干部信仰缺失的表现：“在一些人那里，有的以批评和嘲讽马克思主义为‘时尚’、为噱头；有的精神空虚，认为共产主义是虚无缥缈的幻想，‘不问苍生问鬼神’，热衷于算命看相、求神拜佛，迷信‘气功大师’；有的信念动摇，把配偶子女移民到国外、钱存在国外，给自己‘留后路’，随时准备‘跳船’；有的心为物役，信奉金钱至上、名利至上、享乐至上，心里没有任何敬畏，行为没有任何底线。”

2014年1月14日，习近平总书记在讲话中曾指出干部队伍中存在的“圈子文化”的表现：“有的干部信奉拉帮结派的‘圈子文化’，整天琢磨拉关系、找门路，分析某某是谁的人，某某是谁提拔的，该同谁搞搞关系、套套近乎，看看能抱上谁的大腿。有的领导干部喜欢当家长式的人物，希望别人都唯命是从，认为对自己百依百顺的就是好干部，而对别人、对群众怎么样可以不闻不问，弄得党内生活很不正常。”“有的个人主义、自由主义严重，目无组织纪律，跟组织讨价还价，不服从组织安排；有的党组织和领导干部在处理一些应该由中央和上级组织统一决定的重要问题时，事前不请示、事后不报告，搞先斩后奏、边斩边奏，甚至斩而不奏；有的变着法儿把一件完整的需要汇报的大事情分解成一件一件可以不汇报的小事项，让组织程序空转；有的领导班子既有民主不够、个人说了算问题，也有集中不够问题，班子里各自为政，把分管领域当成‘私人领地’，互不买账，互不服气，内耗严重；有的只对领导个人负责而不对组织负责，把上下级关系搞成人身依附关系；有的办事不靠组织而靠熟人、靠关系，形形色色的关系网越织越密，方方面面的潜规则越用越灵；有的党组织对党员、干部疏于管理，缺乏严肃认真的组织生活，等等。”

2014年5月9日，习近平总书记在讲话中曾指出党内存在的潜规则的表现：“这些年，一些潜规则侵入党内，并逐渐流行起来，有的人甚至以深谙其道为荣，必须引起我们高度警觉。比如，在思想政治上，一些人信奉‘马列主义对人，自由主义对己’，‘两个嘴巴说话，两张面孔做人’；在组织生活中，一些人信奉‘自我批评摆情况，相互批评提希望’，‘你不批我，我不批你；你若批我，我必批你’，‘上级对下级，哄着护着；下级对上级，捧着抬着；同级对同级，包着让着’；在执行政策中，一些人信奉‘遇到黄灯跑过去，遇到红灯绕过去’，‘不求百姓拍手，只求领导点头’；在干部任用中，一些人信奉‘不跑不送、降职使用，只跑不送、原地不动，又跑又送、提拔重用’；在人际交往中，一些人信奉‘章子不如条子，条子不如面子’，‘有关系走遍天下，没关系寸步难行’。这些潜规则看起来无影无踪、却又无处不在，听起来悖情悖理、却可畅通无阻，成为腐蚀党员和干部、败坏党的风气的沉疴毒瘤。”

2015 年 1 月 13 日，习近平总书记在讲话中曾指出一些党员干部违反政治规矩的现象：“在一些干部中，乱评乱议、口无遮拦现象比较突出。如果造谣生事那是违反党纪甚至违反国法，但这些人就是在那儿调侃，传播小道消息，东家长西家短乱发议论，热衷于转发网上不良信息，甚至一些所谓‘铁杆朋友’聚在一起妄议中央大政方针。有的人热衷于打探消息，四处寻问，八方打听，不该问的偏要问，不该知道的特想知道，捉到一些所谓内幕消息就到处私下传播。”

2016年1月12日，习近平总书记在讲话中曾指出党员干部中存在的“两面派”行为和对违反政治纪律不敢斗争的现象：“有的党员、干部在重大原则问题上立场摇摆，对党中央决策部署和三令五申的要求，阳奉阴违甚至搞非组织活动，公开发表反对党的路线方针政策和决议的言论；有的党组织觉得政治纪律是‘软’的、‘虚’的，对违反政治纪律的错误言行不在意、不报告、不抵制、不斗争，更谈不上查处。”

2016年6月28日，习近平总书记在讲话中曾指出党内政治生态中组织和组织、个人和组织、个人和个人关系方面存在的问题，“一段时间以来，党内政治生活不认真不严肃现象比较普遍，庸俗化、随意化倾向比较突出，少数地方和单位政治生态严重恶化，甚至出现了系统性、塌方式腐败。主要问题是：从组织和组织的关系看，有的党组织违背‘四个服从’原则，有令不行、有禁不止，对党中央和上级的决策部署合意的就执行、不合意的就不执行；一些上级党组织对下级放弃管党治党责任，甚至发现问题也一味姑息迁就、放任自流。从个人和组织的关系看，有的党员、干部党的意识弱化、组织观念淡薄，不相信组织、不服从组织、不依靠组织，把党组织当成了来去自由的‘大车店’、各取所需的‘大卖场’、自行其是的‘私人俱乐部’；有的领导班子成员特别是一把手不正确理解和执行民主集中制，搞家长制、一言堂或自由主义、分散主义、宗派主义，有的甚至把所在地方和分管领域当作‘独立王国’、‘私人领地’；有的党组织对党员、干部管理失之于宽、失之于松、失之于软。从个人和个人的关系看，有的党员、干部讲利益不讲党性、讲关系不讲原则、讲面子不讲规矩，甚至把党内同志关系异化为人身依附关系，搞小山头、小圈子、小团伙那一套，搞门客、门宦、门附那一套”。

针对以上种种问题，以习近平同志为核心的党中央举旗亮剑，直面问题，坚持以立为本、立破并举，坚持正本清源和守正创新相统一，在恢复和发扬党的优良传统和作风的基础上，对加强党的领导和党的建设进行了创造性探索、创新性发展，坚决纠正党的领导弱化、虚化、淡化、边缘化问题，开辟了管党治党新境界。

比如，针对党内存在的个人主义、分散主义、自由主义、本位主义、好人主义等问题，党中央强调必须严明党的政治纪律和政治规矩，把维护党中央权威和集中统一领导作为党的政治建设的首要任务，提高政治判断力、政治领悟力、政治执行力，胸怀“国之大者”，确保全党在政治立场、政治方向、政治原则、政治道路上同以习近平同志为核心的党中央保持高度一致。

比如，针对一些领域存在的党的领导原则动摇问题，党中央旗帜鲜明地重申和强调党管干部、党管人才、党管宣传、党管意识形态、党管媒体、党校姓党、党指挥枪等一系列重大原则，加强党对经济工作的领导，确保"枪杆子""笔杆子""印把子""刀把子""钱袋子"等始终掌握在忠于党、忠于人民的人手中。

比如，针对党的领导覆盖不全面、落实不到位、一些基层党组织软弱涣散等问题，党中央强调树立大抓基层的鲜明导向，加强国有企业、农村、高校等领域基层党组织工作，强化党组织政治功能，推动党中央决策部署贯彻到"最后一公里"。

比如，针对管党不力、治党不严问题，党中央以前所未有的勇气和定力推进全面从严治党，坚持思想从严、监督从严、执纪从严、治吏从严、作风从严、反腐从严，坚持思想建党和制度治党相统一、使命引领和问题导向相统一、抓"关键少数"和管"绝大多数"相统一、行使权力和担当责任相统一、严格管理和关心信任相统一、党内监督和群众监督相统一，推动管党治党宽松软状况得到根本扭转。

还比如，针对腐败这一党长期执政的最大威胁，党中央以"得罪千百人，不负十四亿"的使命担当去疴治乱，以雷霆之势反腐惩恶，"打虎""拍蝇""猎狐"多管齐下，刹住了一些多年未刹住的歪风邪气，解决了许多长期没有解决的顽瘴痼疾，清除了党、国家、军队内部存在的严重隐患，探索出依靠党的自我革命跳出治乱兴衰历史周期率的成功路径。

## 二、总结经验，从历史中汲取智慧和力量

历史是已经发生过的事情，是已经过去了的东西。历史的发生是一次性的，历史的人物和历史的事件都不可能重来。但是，从时间的轴线去看，历史、现实、未来是相通的。因此，在一定的相同历史条件下重复出现的历史现象具有可比性，从可比性上我们就能获得启迪。所以，古人说：“推古验今，所以不惑。”这就是历史智慧。习近平总书记强调指出，“历史是最好的教科书”，“历史是最好的老师”，“中国革命历史是最好的营养剂”。中华民族是一个重视历史、研究历史、学习历史、运用历史的民族。在几千年的历史发展过程中，留下了卷帙浩繁的历史典籍，成为中华民族的宝贵精神文化财富。我们党不仅继承了中华民族的优良传统，也是一个高度重视并善于总结历史经验的马克思主义政党。每当在重要历史时刻和重大关头，我们党都要回顾历史，总结经验，把握规律，从历史中汲取继续前进的智慧和力量。

党的十八大以来，习近平总书记坚持把历史、现实、未来相贯通，站在时代的高度，站在战略的高度，以历史的眼光，以世界的视野，全面思考和深入分析新时代党和国家事业发展面临的一系列重大理论与实践问题，先后在庆祝中国共产党成立95周

年、中国人民解放军建军90周年、改革开放40周年、中华人民共和国成立70周年大会以及纪念毛泽东同志诞辰120周年、邓小平同志诞辰110周年、红军长征胜利80周年、五四运动100周年、中国人民抗日战争暨世界反法西斯战争胜利75周年、中国人民志愿军抗美援朝出国作战70周年等座谈会和大会上对党的历史进行总结。特别是围绕加强党的领导和加强党的建设，增强“四个意识”、坚定“四个自信”、做到“两个维护”，进行深刻总结。尤其是习近平总书记在庆祝中国共产党成立100周年大会上发表的重要讲话，在党的十九届六中全会上对《决议》稿所作的说明以及发表的重要讲话，对党的百年奋斗重大成就和历史经验进行了全面总结。习近平总书记所强调的这些问题、所阐发的这些内容，是从历史的回顾和总结中得来的，是以史为鉴来阐述一些重大理论和实际问题的，具有极大的冲击力、说服力、震撼力，充分地印证了毛泽东曾说过的这样一个道理：“读历史是智慧的事”，“讲历史才能说服人”，“看历史，就会看到前途”。认真和善于总结党的历史，这对于推动全党进一步统一思想、统一意志、统一行动，夺取新时代中国特色社会主义新的伟大胜利，具有重大现实意义和深远历史意义。

党的十八大以来，党中央正是通过抓住庆祝中国共产党成立100周年、中华人民共和国成立70周年、改革开放40周年以及党史重要事件和党史重要人物纪念等重要时间节点，进行党史的回顾总结和宣传教育，特别是在中国共产党成立 100 周年的重要时刻，党中央决定在全党开展党史学习教育，在全社会开展党史、新中国史、改革开放史、社会主义发展史宣传教育，取得了显著成效。广大党员、干部、群众以及青少年从中国共产党诞生后团结带领人民进行新民主主义革命的开天辟地，到社会主义革命和建设的改天换地，到改革开放和社会主义现代化建设的翻天覆地，再到新时代中国特色社会主义的惊天动地创造的四个伟大成就中，从决战脱贫攻坚、决胜全面建成小康社会的伟大实践中，从统筹疫情防控和经济社会发展的重大成就中，从“中国之治”和“西方之乱”的鲜明对比中，更加深刻认识到，中国共产党是领导我们事业的核心力量。中国人民和中华民族之所以能够扭转近代以来的历史命运、取得今天的伟大成就，最根本的是有中国共产党的坚强领导。历史和现实都证明，没有中国共产党，就没有新中国，就没有改革开放新胜利，就没有中华民族伟大复兴。坚持和完善党的领导是党和国家的根本所在、命脉所在，是全国各族人民的利益所系、命运所系。更加深刻认识到，坚强的领导核心和科学的理论指导是成熟的马克思主义政党的显著标志，是我们党创造历史伟业的成功秘诀，确立习近平同志党中央的核心、全党的核心地位，确立习近平新时代中国特色社会主义思想的指导地位，是时代呼唤、历史选择、民心所向，对新时代党和国家事业发展、对推进中华民族伟大复兴历史进程具有决定性意义。更加深刻认识到，党的十八大以来党和国家事业之所以能取得全方位、开创性历史成就，发生深层次、根本性历史变革，根本在于有习近平总书记领航掌舵，根本在于有习近平新时代中国特色社会主义思想科学指引，根本在于“两个确立”把全党全国各族人民动员、团结、凝聚起来，进而转化为坚决做到“两个维护”的思想自觉、政治自觉和行动自觉。更加深刻认识到，面向新征程，面对世界百年变局和疫情交织的复杂形势，面对国内繁重艰巨的改革发展稳定任务，只要更加紧密地团结在以习近平同志为核心的党中央周围，自觉做“两个确立”的坚决拥护者、“两个维护”的忠实践行者，以前所未有的历史主动精神和历史创造精神奋发向前，就一定能够走好实现第二个百年奋斗目标新的赶考之路，中华复兴号巨轮就一定能够劈波斩浪到达胜利的彼岸。

## 三、守正创新，在实践的基础上不断提出新理念新思想新要求

党的十八大以来，不断推进理论创新，持续深化对党的领导和党的建设的规律性认识。关于坚持和加强党的领导，马克思主义经典作家，毛泽东、邓小平、江泽民、胡锦涛等党的主要领导人都有过很多重要论述。习近平总书记以非凡政治

智慧和巨大理论勇气，围绕加强党的领导和党的建设作出一系列重要论述，深刻阐明了坚持和加强党的领导的重大意义、方向原则、观念体制、方式方法等重大问题，为新时代把我们党进一步建设好、建设强指明了前进方向。

习近平总书记深刻指出，“坚持党的全面领导是坚持和发展中国特色社会主义的必由之路”，“全面从严治党是党永葆生机活力、走好新的赶考之路的必由之路”。他强调中国共产党领导是中国特色社会主义最本质的特征，是中国特色社会主义制度的最大优势，党是最高政治领导力量，在坚持党的领导这个决定党和国家前途命运的重大原则问题上，脑子要特别清醒、眼睛要特别明亮、立场要特别坚定，绝不能有任何含糊和动摇；强调党政军民学，东西南北中，党是领导一切的，要把坚持党的领导贯彻和体现到改革发展稳定、内政外交国防、治党治国治军各个领域各个方面，提高把方向、谋大局、定政策、促改革的能力，确保充分发挥党总揽全局、协调各方的领导核心作用；强调党中央集中统一领导是党的领导的最高原则，要不断增强“四个意识”、坚定“四个自信”、做到“两个维护”，把“两个维护”体现在坚决贯彻党中央决策部署的实际行动上，体现在履职尽责、做好本职工作的实效上，体现在党员、干部的日常言行上；强调打铁必须自身硬，办好中国的事情关键在党，关键在党要管党、全面从严治党，必须全面贯彻新时代党的建设总要求，把党的政治建设摆在首位，把党建设成为始终走在时代前列、人民衷心拥护、勇于自我革命、经得起各种风浪考验、朝气蓬勃的马克思主义执政党；强调坚定理想信念，补足精神之钙，坚持用马克思主义及其中国化创新理论成果武装全党；强调抓好党的组织体系建设，夯实党的组织基础，坚持党管干部、党管人才，抓好执政骨干队伍和人才队伍建设；强调持之以恒正风肃纪，坚决纠正“四风”，以零容忍态度惩治腐败，一体推进不敢腐、不能腐、不想腐；强调完善党和国家监督体系，规范制约权力运行，坚持制度治党、依规治党，全方位扎紧制度笼子，落实全面从严治党主体责任；等等。

2022年年初，在十九届中央纪委第六次全体会议上习近平总书记发表重要讲话，强调指出，党的十八大以来，我们继承和发展马克思主义建党学说，总结运用党的百年奋斗历史经验，深入推进管党治党实践创新、理论创新、制度创新，对建设什么样的长期执政的马克思主义政党、怎样建设长期执政的马克思主义政党的规律性认识达到新的高度。这就是：坚持党中央集中统一领导，坚持党要管党、全面从严治党，以伟大自我革命引领伟大社会革命；坚持以党的政治建设为统领，保证全党在政治立场、政治方向、政治原则、政治道路上同党中央保持高度一致；坚持严的主基调不动摇，提高纪律建设的政治性、时代性、针对性；坚持发扬钉钉子精神加强作风建设，以优良党风带动社风民风向上向善；坚持以零容忍态度惩治腐败，坚定不移走中国特色反腐败之路；坚持纠正一切损害群众利益的腐败和不正之风，让人民群众感到公平正义就在身边；坚持抓住“关键少数”以上率下，压紧压实全面从严治党政治责任；坚持完善党和国家监督制度，形成全面覆盖、常态长效的监督合力。

这些重要论述，立足百年奋斗、着眼千秋伟业，坚持伟大自我革命和伟大社会革命相结合，坚持思想建党和制度治党相结合，把我们党对全面加强党的领导和党的建设的认识提高到一个前所未有的新高度，极大地深化了我们党对共产党执政规律、社会主义建设规律、人类社会发展规律的认识，极大地丰富和发展了马克思主义执政党建设理论，是习近平新时代中国特色社会主义思想的重要组成部分，为我们毫不动摇坚持和加强党的全面领导、全面从严治党、更加自觉做到“两个维护”提供了理论遵循和行动指南。

## 四、完善制度，建立健全相互衔接、系统完备的国家法律法规和党内法规体系

通过总结正反两方面的历史经验，我们党对制度建设的重要性有着深刻的认识。1980 年 8 月 18 日，邓小平在中共中央

政治局扩大会议上发表《党和国家领导制度的改革》的讲话，指出：“领导制度、组织制度问题更带有根本性、全局性、稳定性和长期性。”对现行制度存在的各种弊端必须进行改革。“改革党和国家的领导制度，不是要削弱党的领导，涣散党的纪律，而正是为了坚持和加强党的领导，坚持和加强党的纪律。”党的十八大以来，习近平总书记强调指出，党的领导制度、党对意识形态工作领导制度是我国的根本领导制度。党的十九大把“习近平新时代中国特色社会主义思想”写入党章，将其与马克思列宁主义、毛泽东思想、邓小平理论、“三个代表”重要思想、科学发展观一道确立为党的行动指南，还把“党是领导一切的”“牢固树立政治意识、大局意识、核心意识、看齐意识，坚定维护以习近平同志为核心的党中央权威和集中统一领导”写入党章。十三届全国人大一次会议将“中国共产党领导是中国特色社会主义最本质的特征”“习近平新时代中国特色社会主义思想”载入宪法。党的十九届四中全会把坚持党的集中统一领导放在我国国家制度和国家治理体系 13 个方面显著优势的首位，这些都凸显了党的领导制度在中国特色社会主义制度体系中的统领地位，为坚持和加强党的全面领导提供了根本保证，为全面从严治党提供了基本遵循。

党的十八大以来，以习近平同志为核心的党中央围绕加强和改进党的领导，出台一系列重要党内法规，不断健全总揽全局、协调各方的党的领导制度体系，把党的领导落实到国家治理各领域各方面各环节，形成中国共产党之治的独特优势。一是把完善“两个维护”体制机制作为党内法规制度建设的首要政治任务，健全完善维护党中央权威和集中统一领导的制度，出台中央委员会工作条例、中央政治局加强和维护党中央集中统一领导的若干规定、重大事项请示报告条例等党内法规，严格执行向党中央请示报告制度，建立中央书记处和中央纪律检查委员会、全国人大常委会党组、国务院党组、全国政协党组、最高人民法院党组、最高人民检察院党组每年向中央政治局常委会、中央政治局报告工作，中央政治局全体同志每年向党中央和总书记书面述职等重大制度性安排。二是建立健全党中央对重大工作的领导机制，成立中央全面深化改革委员会、中央国家安全委员会、中央网络安全和信息化委员会、中央财经委员会、中央全面依法治国委员会等，强化党中央决策议事协调机构职能作用。三是不断完善党领导人大、政府、政协、监察机关、审判机关、检察机关、武装力量、人民团体、企事业单位、基层群众性自治组织、社会组织等制度，确保党在各种组织中发挥领导作用。四是制定修订中国共产党组织工作条例、宣传工作条例、统一战线工作条例、政法工作条例、机构编制工作条例等党内法规，为加强党对各方面工作的领导提供有力制度保障。五是以坚持和加强党的全面领导为主题，深化党和国家机构改革，努力从机构职能上解决党对一切工作领导的体制机制问题，解决党长期执政条件下我国国家治理体系中党政军群的机构职能关系问题。六是完善地方党委、党组、党的工作机关实施党的领导的体制机制，建立健全国有企业党委（党组）和农村、事业单位、街道社区等各类基层党组织发挥领导作用的制度规定，形成党的中央组织、地方组织、基层组织上下贯通、执行有力的组织体系，推动实现党的组织和党的工作全覆盖。

需要指出的是，党中央坚持以上率下、层层示范带动，党的高级干部特别是中央委员会、中央政治局、中央政治局常委会的同志以身作则，模范遵守各方面制度规定，为推动坚持和加强党的全面领导、坚持“两个确立”、做到“两个维护”各项制度落实落地作出了示范。

## 五、加强宣传教育，强化贯彻落实和督促检查

党的十八大以来，习近平总书记以深厚人民情怀、卓越政治智慧、强烈使命担当，领导全党全军全国各族人民砥砺奋进，使党和国家事业取得历史性成就和发生历史性变革，充分彰显了中国特色社会主义的强大生机活力，党心军心民心空前凝聚振奋，为实现中华民族伟大复兴提供了更为完善的制度保证、

更为坚实的物质基础、更为主动的精神力量。中国共产党和中国人民以英勇顽强的奋斗向世界庄严宣告，中华民族迎来了从站起来、富起来到强起来的伟大飞跃。在这一过程中，习近平总书记成为众望所归、当之无愧的党的核心、人民领袖、军队统帅，习近平新时代中国特色社会主义思想应运而生、顺势而成，坚强的核心、科学的思想、伟大的事业相互辉映，推动实现中华民族伟大复兴进入不可逆转的历史进程。党的十八届六中全会确立了习近平总书记党中央的核心、全党的核心地位，党的十九大确立了习近平新时代中国特色社会主义思想的指导地位。这“两个确立”明确写入党章，又明确写入党的十九届六中全会决议，这是被新时代波澜壮阔的伟大历程所证明完全正确的必然结论。新时代的伟大斗争产生了党的坚强领导核心，党的坚强领导核心领导了新时代的伟大斗争。新时代的伟大实践孕育和催生了党的创新理论，党的创新理论引领了新时代的伟大实践。理论与实践相互交织、相互影响、相互促进、相互转化。思想就是旗帜，旗帜就是方向；核心就是力量，力量就是希望。思想和核心决定党的团结统一，决定道路方向，决定事业成败，决定国家和民族的前途命运。

正是因为“两个确立”的极端重要性，我们党把“两个确立”作为党的十八大以来的最大政治成果、最重要的历史结论，要求全党在学懂弄通做实习近平新时代中国特色社会主义思想上下功夫。坚持把理论武装作为重中之重，既抓住党员、干部和青年学生这个重点，又不断向全社会拓展，推动党的创新理论进企业、进农村、进机关、进校园、进社区、进军营、进网站。持续深化对习近平新时代中国特色社会主义思想的宣传阐释，新闻出版、文化文艺、哲学社会科学、网信工作、对外宣传等都围绕这一重要思想聚焦用力，做到多种形式载体同向发力、各级各类媒体协同联动，形成全方位、立体式、多声部传播党的创新理论的矩阵，推动学习宣传贯彻不断往深里走、往实里走、往心里走。通过持续深入的学习宣传教育，全党同志进一步深化了对“两个确立”决定性意义的理解和认识，增进了对习近平新时代中国特色社会主义思想的政治认同、思想认同、理论认同、情感认同，增强了忠诚核心、拥戴核心、维护核心、捍卫核心的思想自觉、政治自觉、行动自觉。

维护核心既要靠润物无声、久久为功的宣传教育，又要靠刚性约束和纪律保障。党的十八大以来，党中央把“两个维护”作为最高政治原则和根本政治规矩，聚焦“两个维护”强化政治监督，推动广大党员、干部自觉同党中央对标对表，做到党中央倡导的坚决响应、党中央决定的坚决执行、党中央禁止的坚决不做。围绕把握新发展阶段、贯彻新发展理念、构建新发展格局、推动高质量发展等重大部署落实情况加强监督检查，督促各级领导干部以担当尽责、干事创业的实际行动践行“两个维护”。把加强党的全面领导、做到“两个维护”作为巡视巡察的重要内容，坚持纪严于法，综合运用“四种形态”，及时纠正贯彻落实党中央重大决策部署和习近平总书记重要指示批示存在的政治偏差，严肃查处偏离“两个维护”、破坏党的集中统一领导问题，坚决清除阳奉阴违的“两面人”，以严明的纪律确保全党目标一致、团结一致、步调一致。

# 从理论维度认识把握“两个确立”*

“两个确立”是党的十九届六中全会审议通过的《中共中央关于党的百年奋斗重大成就和历史经验的决议》，对中国特色社会主义进入新时代所取得的历史性成就和发生的历史性变革的根本原因，作出的重大政治判断和历史结论。这个政治判断和历史结论，虽然是特指的，有特定的对象，但抽象地说，具有一般性的普遍意义。一般寓于特殊之中。从一般性上说，“两个确立”的实质性问题是两个：一个是组织问题，一个是思想理论问题。组织问题是需要通过法定的组织程序，确立党的领导核心，决定党的领袖的问题。思想理论问题是通过承前启后、继往开来，进行党的理论创新，确立党的指导思想，决定党的行动指南的问题。中国共产党作为一个马克思主义政党，提出“两个确立”的理论依据是什么呢？马克思是共产党人的老祖宗，马克思主义是中国共产党指导思想的理论基础，总结党的

* 本文发表于《党委中心组学习》2022 年第 4 期。

百年奋斗光辉历程，我们党作出这样一个重大政治判断和历史结论，其理论依据自然是马克思主义。

## 一、“两个确立”的理论依据来自马克思主义的唯物史观

### （一）唯物史观的创立

马克思是全世界无产阶级和劳动人民的革命导师，是马克思主义的主要创始人，是马克思主义政党的缔造者和国际共产主义的开创者，是近代以来最伟大的思想家。马克思对人类社会的贡献是多方面的。但他的思想贡献概括起来讲主要有两个方面，这正如恩格斯在马克思墓前的讲话中所指出的那样：“马克思在他所研究的每一个领域，甚至在数学领域，都有独到的发现，这样的领域是很多的，而且其中任何一个领域他都不是浅尝辄止。”然而，他最重要的发现是两个：一个是唯物史观，一个是剩余价值学说。唯物史观的发现，揭示了人类社会发展的规律；剩余价值学说的发现，揭示了资本主义社会的运动规律。这两个发现是破天荒的，在人类社会发展史上具有里程碑的意义。

社会变革的动力是什么？是英雄创造历史，还是奴隶创造历史？人类社会发展有没有规律？这些重大的问题，自人类

社会进入阶级社会以来，就成为无数哲学家、思想家、政治家要回答的问题。由此也就产生了唯物论与唯心论、辩证法与形而上学的矛盾对立和斗争，世界上也就创立和形成了无数个不同的哲学派别和思想体系。以往的“哲学家们只是用不同的方式解释世界，而问题在于改变世界”。在马克思主义诞生以前，世界上还没有一种哲学和思想学说能够如此深刻阐述和科学揭示人类社会发展规律的。马克思主义是马克思、恩格斯共同创立的，因为马克思在创立的过程中起了决定性作用，故以马克思的名字来命名。马克思主义是马克思、恩格斯在工人阶级斗争实践和对人类先进文化思想的批判继承中创立的。马克思主义的创立实现了人类认识史上的伟大变革，在人类思想史上树起了一座前无古人的不朽丰碑。这一理论犹如壮丽的日出，照亮了人类探索历史规律和寻求自身解放的道路。

马克思主义由其哲学、政治经济学、科学社会主义三个部分组成。马克思主义哲学即辩证唯物主义和历史唯物主义，马克思本人称之为“新唯物主义”。与以往的哲学相比，马克思主义哲学之所以被称为“新唯物主义”，新就新在：从哲学对象上看，马克思主义哲学正确解决了哲学与具体科学的相互关系，科学确定了自然界、人类社会和思维最一般规律是哲学的研究对象；从哲学内容上看，马克思主义哲学克服了旧哲学中唯物主义和辩证法相分离、自然观与历史观相矛盾的缺陷，建立了唯物主义和辩证法高度统一、辩证唯物主义自然观和历史观高度统一的科学体系；从哲学使命上看，马克思主义哲学把“改变世界”、使“世界革命化”作为根本任务，形成了在实践基础上的科学性和革命性相统一的不断发展的哲学。历史唯物主义又被称为唯物史观。唯物史观的发现，“在整个世界史观上实现了变革”。在马克思主义哲学产生以前，唯心史观一直占据统治地位。它的主要缺陷是：至多考察了人们活动的思想动机，而没有进一步考究思想动机背后的物质动因和经济根源，因而从社会意识决定社会存在的前提出发，把社会历史看成是精神发展史，否认社会历史的客观规律，否认人民群众在社会历史发展中的决定性作用。“正像达尔文发现有机界的发展规律一样，马克思发现了人类历史的发展规律”，“历史破天荒第一次被置于它的真正基础上；一个很明显的而以前完全被人忽略的事实，即人们首先必须吃、喝、住、穿，就是说首先必须劳动，然后才能争取统治，从事政治、宗教和哲学等等——这一很明显的事实在历史上的应有之义此时终于获得了承认”。唯物史观的发现，使唯物主义原则由自然领域拓展并贯彻到社会历史领域，使社会主义由空想变为科学。列宁评价唯物史观为“科学的社会学”“唯一科学的历史观”。他还强调指出：“马克思加深和发展了哲学唯物主义，而且把它贯彻到底，把它对自然界的认识推广到对人类社会的认识。马克思的历史唯物主义是科学思想中的最大成果。”“马克思的哲学是完备的哲学唯物主义，它把伟大的认识工具给了人类，特别是给了工人阶级。”学习贯彻党的十九届六中全会精神，深刻领悟“两个确立”的决定性意义，我们看到，马克思主义的唯物史观为“两个确立”提供了理论依据。

“两个确立”是建立在唯物史观的两个基本原理基础之上的：一个是人民群众是历史创造者的原理；一个是社会存在决定社会意识、社会意识反作用于社会存在的原理。从第一个基本原理看，这个原理强调的是，人民群众是社会物质财富的创造者，是社会精神财富的创造者，是社会变革的决定力量。同时，又承认个人对社会发展的影响作用，甚至是重大的影响作用。从第二个基本原理看，这个原理强调的是，正确反映事物和合乎客观规律的思想、认识就是真理，不能正确反映事物和不合乎客观规律的思想、认识就是谬误。真理对认识和改造世界具有极大的能动的指导作用。唯物史观的这两个基本原理，都阐述了一个决定和被决定、作用和反作用的辩证关系。它们一方面从根本上划清了历史唯物主义和历史唯心主义的界限，另一方面又从根本上划清了辩证唯物主义和旧唯物主义的界限。我们应该认真学习，全面准确地领会。如果我们重视和强调了一个方面，而忽视和丢掉了另一个方面，就会犯机械论、片面性的错误，就不能科学地解释历史，也就无法正确地认识和把握历史发展规律。

## （二）关于人民群众是历史创造者的基本原理

这个原理是“两个确立”依据唯物史观的第一个原理。对这个原理我们除要学习领会人民是历史的创造者，群众是真正的英雄，人民是创造世界历史的动力等基本观点外，还需要学习领会包含在唯物史观中的其他重要观点。这些重要观点实际上是对基本原理的具体展开。

1. 关于社会历史发展是无数个人合力作用的结果，每个人在历史发展过程中都起一定作用的观点。唯物史观认为，每个人尽管在历史上发挥作用的性质和程度各不相同，但都会在历史上留下自己的印记。离开了每一个个人的作用，也就不可能有群众的作用。恩格斯在《路德维希·费尔巴哈和德国古典哲学的终结》中指出：“无论历史的结局如何，人们总是通过每一个人追求他自己的、自觉预期的目的来创造他们的历史，而这许多按不同方向活动的愿望及其对外部世界的各种各样作用的合力，就是历史。”这里，恩格斯已经指出了历史就是每一个人合力作用的结果。后来，恩格斯在给约瑟夫·布洛赫的信中进一步深刻指出，“历史是这样创造的：最终的结果总是从许多单个的意志的相互冲突中产生出来的”，“这样就有无数互相交错的力量，有无数个力的平行四边形，由此就产生出一个合力，即历史结果"，"每个意志都对合力有所贡献"。

2. 关于历史人物在历史发展过程中起着特殊作用，特别是杰出人物、伟大人物对历史发展有着深刻影响的观点。唯物史观强调，尽管每个人在历史发展中都起一定作用，但是作用的性质、大小是不一样的。历史人物的作用大一些，普通个人的作用小一些。同样是历史人物，杰出人物、伟大人物顺应历史发展的潮流，代表人民意愿，对历史发展起加速作用；反动人物、反面人物逆历史潮流而动，违背人民意愿，对历史发展起阻碍作用。在历史发展进程中，新的历史任务往往是由杰出人物、伟大人物首先发现并提出来的。因为他们比一般人站得高、看得远，解决历史任务的愿望比别人更强烈、更主动，能为群众指明革命斗争的方向，在革命斗争中起着领导核心作用。被誉为"俄国马克思主义之父""教育了整整一代马克思主义者"的普列汉诺夫，在其代表作《论个人在历史上的作用》中，系统论述了杰出人物、伟大人物在历史上的地位作用。列宁将这部著作列为马克思主义的经典文献之一。普列汉诺夫所研究的"个人"特指杰出人物、伟大人物。他指出："一个伟大人物之所以伟大，并不是因为他的个人特点使伟大的历史事变具有个别的外貌，而是因为他所具备的特点，使他自己最能为当时在一般的和特殊的原因影响下所发生的伟大社会需要服务。""因为他的见识要比别人的远些，他的愿望要比别人的强烈些。他把先前的社会智慧发展进程所提出的科学任务拿来加以解决；他把先前的社会关系发展过程所造成的新的社会需要指明出来；他担负起满足这些需要的发起责任。”杰出人物、伟大人物是历史规律的发现者，是历史任务的提出者，是历史方向的指导者，是历史力量的凝聚者，是历史潮流的引领者，是历史变革的谋划者。同时，唯物史观认为，杰出人物、伟大人物对历史发展的作用要受社会历史条件的制约，受人民群众及其实践活动的制约。马克思在《哲学的贫困》中有非常深刻的阐述，即每个人既是历史的“剧中人”，又是历史的“剧作者”。杰出人物、伟大人物只有顺应历史发展的要求和人民群众的意愿，才能起到推动人类社会历史前进的积极作用。

3. 关于每一个时代一定会出现自己的杰出人物、伟大人物，无产阶级必须要有自己的领袖的观点。唯物史观认为，时势造英雄，杰出人物、伟大人物的出现具有历史必然性。马克思在《1848 年至 1850 年的法兰西阶级斗争》中指出：“每一个社会时代都需要有自己的大人物，如果没有这样的人物，它就要把他们创造出来。”恩格斯在致瓦尔特·博尔吉乌斯的信中指出，“每当需要有这样一个人的时候，他就会出现”。同时，唯物史观还认为，无产阶级必须要有自己的领袖。列宁指出：“在历史上，任何一个阶级，如果不推举出自己的善于组织运动和领导运动的政治领袖和先进代表，就不可能取得统治地位。”他还科学论证了领袖与群众、阶级、政党之间的辩证关系，指出：“群众是划分为阶级的；……在通常情况下，在多数场合，至少在现代的文明国家内，阶级是由政党来领导的；政党通常是由最有威信、最有影响、最有经验、被选出担任最重要职务而称为领袖的人们所组成的比较稳定的集团来主持的。”并强调“造就一批有经验、有极高威望的党的领袖是一件长期的艰难的事情。但是做不到这一点，无产阶级专政、无产阶级的‘意志统一’就只能是一句空话”。邓小平同志结合中国革命的实际曾强调指出：“没有领袖和核心，就要培养领袖和核心。要革命的话，就应该建立这样的党。就是工人运动、农民运动，没有领袖行吗？领袖就是团结的核心，他本身就是力量。中国革命之所以取得胜利，就是因为有了毛泽东这样的领袖。”“对于领袖的爱护——本质上是表现对于党的利益、阶级的利益、人民的利益的爱护，而不是对于个人的神化。”

4. 关于无产阶级领袖具有以往任何阶级的杰出人物、伟大人物所不可比拟的优秀品质和伟大作用的观点。唯物史观强调，无产阶级是大工业的产物，符合生产社会化的发展趋势，代表着先进生产力。同时，由于他们一无所有，政治上受压迫最大，经济上受剥削最深，因此，革命最彻底，最大公无私，也最有前途。其他阶级都会随着工业化和现代化发展的进程而逐渐消亡，而无产阶级会不断发展壮大，它是最后一个自行消亡的阶级。所以，无产阶级领袖所代表的是历史上最革命、最先进的阶级。无产阶级的历史地位和历史使命，决定了无产阶级领袖，既是实践家，又是理论家；既是人民的领导者，又是人民的公仆；既具有卓越的才能，又善于集中群众的智慧。无产阶级领袖在历史上的作用，取决于他们对历史发展规律的认识程度以及同人民群众的结合程度。

5. 关于无产阶级政党必须坚定不移地维护领袖权威的观点。唯物史观认为，无产阶级政党不是“个人的偶然凑合”。无产阶级政党担负着实现共产主义的崇高理想和历史使命，如果缺乏权威人物，没有领导核心，无产阶级政党就难以发挥严密的组织性和纪律性的优势，无产阶级就难以作为一个整体而行动，从而在一致的行动中改变旧世界、建设新世界。马克思指出：“一个单独的提琴手是自己指挥自己，一个乐队就需要一个乐队指挥。”恩格斯在《论权威》中深刻论证了确立和维护权威的重要性和必要性。他指出：“能最清楚地说明需要权威，而且是需要专断的权威的，要算是在汪洋大海上航行的船了。那里，在危急关头，大家的生命能否得救，就要看所有的人能否立即绝对服从一个人的意志。”这个人是谁，就是船长。他强调，反权威主义者只有两种情况：“或者是反权威主义者自己不知所云，如果是这样，那他们只是在散布糊涂观念；或者他们是知道的，如果是这样，那他们就背叛了无产阶级运动。在这两种情况下，他们都只是为反动派效劳。”对这个问题，我们党的领袖，在长期革命斗争的实践中，在总结党领导人民进行伟大奋斗的历史经验中，都有过许多深刻的论述。毛泽东同志指出：“要建立领导核心，反对‘一国三公’。”领导核心只能有一个，一个桃子剖开来有几个核心？只有一个核心。邓小平同志在对党的第三代中央领导集体作政治交代时强调，“任何一个领导集体都要有一个核心，没有核心的领导是靠不住的”，“要有意识地维护一个核心”。习近平总书记强调指出：“党的历史、新中国发展的历史都告诉我们：要治理好我们这个大党、治理好我们这个大国，保证党的团结和集中统一至关重要，维护党中央权威至关重要。”我们这样一个有着 14 亿多人口的大国，有着 9600 多万名党员的大党，必须有一个坚强的领导核心。如果没有党中央的核心、全党的核心，就没有党中央的权威和集中统一领导，就会导致各自为阵、各自为政，那就什么事情都干不成。

### （三）关于社会存在决定社会意识、社会意识反作用于社会存在的原理

这个原理是“两个确立”依据唯物史观的第二个原理。对这个原理我们也需要进一步深入学习领会。

唯物史观在实践的基础上，科学地解决了社会存在与社会意识的关系，在承认社会存在决定社会意识的同时，又指出了

社会意识对社会存在具有的反作用，这有力地论证了科学理论武装的巨大作用与重大意义。

1. 关于科学理论对实践具有巨大的指导作用，无产阶级政党必须以科学理论武装自己的观点。唯物史观认为，社会存在决定社会意识，社会意识对社会存在具有能动的反作用。恩格斯指出：“一切观念都来自经验，都是现实的反映——正确的或歪曲的反映。”毛泽东同志说：“反映不是被动的摄取对象，而是一个能动的过程。在生产和阶级斗争中，认识是能动的因素，起着改造世界的作用。”列宁说：“当我们不知道自然规律的时候，自然规律是在我们的认识之外独立地存在着并起着作用，使我们成为‘盲目的必然性’的奴隶。一经我们认识了这种不依赖于我们的意志和我们的意识而起着作用的（如马克思千百次反复说过的那样）规律，我们就成为自然界的主人。在人类实践中表现出来的对自然界的统治是自然现象和自然过程在人脑中客观正确的反映的结果，它证明这一反映（在实践向我们表明的范围内）是客观的、绝对的、永恒的真理。”科学的理论，作为先进社会意识的集中反映形式，会对社会发展起巨大的促进作用。毛泽东同志认为：“马克思主义的哲学认为十分重要的问题，不在于懂得了客观世界的规律性，因而能够解释世界，而在于拿了这种对于客观规律性的认识去能动地改造世界。在马克思主义看来，理论是重要的，它的重要性充分地表现在列宁说过的一句话：‘没有革命的理论，就不会有革命的运动。’然而马克思主义看重理论，正是，也仅仅是，因为它能够指导行动。如果有了正确的理论，只是把它空谈一阵，束之高阁，并不实行，那末，这种理论再好也是没有意义的。认识从实践始，经过实践得到了理论的认识，还须再回到实践去。认识的能动作用，不但表现于从感性的认识到理性的认识之能动的飞跃，更重要的还须表现于从理性的认识到革命的实践这一个飞跃。抓着了世界的规律性的认识，必须把它再回到改造世界的实践中去，再用到生产的实践、革命的阶级斗争和民族斗争的实践以及科学实验的实践中去。”无产阶级政党的整个世界观是以马克思主义为基础的，有马克思主义这个科学的理论作为指导，是无产阶级政党的优点。马克思指出，“哲学把无产阶级当作自己的物质武器，同样，无产阶级也把哲学当作自己的精神武器”。恩格斯强调，“我们党有个很大的优点，就是有一个新的科学的世界观作为理论的基础”。反之，没有马克思主义这个科学理论作为指导，就不会有坚强的无产阶级政党。列宁在《马克思主义的三个来源和三个组成部分》中说：“马克思加深和发展了哲学唯物主义，而且把它贯彻到底，把它对自然界的认识推广到对人类社会的认识。”“马克思学说具有无限力量，就是因为它正确。它完备而严密，它给人们提供了决不同任何迷信、任何反动势力、任何为资产阶级压迫所作的辩护相妥协的完整的世界观。”他在《唯物主义和经验批判主义》中还说：“沿着马克思的理论的道路前进，我们将愈来愈接近客观真理（但决不会穷尽它）；而沿着任何其他的道路前进，除了混乱和谬误之外，我们什么也得不到。”毛泽东同志在《论人民民主专政》一文中联系到我们党的历史，说得更具体、更生动、更形象。他说：“我们党走过二十八年了，大家知道，不是和平地走过的，而是在困难的环境中走过的，我们要和国内外党内外的敌人作战。谢谢马克思、恩格斯、列宁和斯大林，他们给了我们以武器。这武器不是机关枪，而是马克思列宁主义。”因此，无产阶级政党必须以科学的理论即马克思主义来武装自己。

2. 关于理论一经掌握群众，也会变成物质力量，无产阶级政党必须向广大群众灌输科学的理论，引导他们前进的观点。唯物史观认为，思想本身并不能实现什么，要实现什么就要诉诸实践，而社会实践的主体是人民群众。马克思、恩格斯指出：“思想本身根本不能实现什么东西。思想要得到实现，就要有使用实践力量的人。”因此，一种社会意识发挥作用的程度及范围大小、时间长短，同它掌握群众的深度和广度密切地联系在一起。马克思还强调：“批判的武器当然不能代替武器的批判，物质力量只能用物质力量来摧毁；但是理论一经掌握群众，也会变成物质力量。”然而，群众并不是自然而然地就能够接受理论，哪怕是科学的理论。列宁在《怎么办？》中指出，“工人阶级单靠自己本身的力量，只能形成工联主义的意识”，“阶级政治意识只能从外面灌输给工人”，“为了向工人灌输政治知识，社会民主党人应当到居民的一切阶级中去，应当派出自己的队伍分赴各个方面”。他还特别强调：“思想一旦掌握群众，就变成力量。”“任何一个代表着未来的政党的第一个任务，都是说服大多数人民相信其纲领和策略的正确。”因此，思想领导是无产阶级政党领导的灵魂所在，无产阶级政党必须把科学理论贯穿于党的章程和纲领之中，灌输到最广大群众之中，贯彻到最实际的无产阶级运动全过程。毛泽东同志在总结中国土地革命战争时期的经验教训时曾强调：“‘自由是必然的认识’——这是旧哲学家的命题。‘自由是必然的认识和世界的改造’——这是马克思主义的命题。一个马克思主义者如果不懂得从改造世界中去认识世界，又从认识世界中去改造世界，就不是一个好的马克思主义者。一个中国的马克思主义者，如果不懂得从改造中国中去认识中国，又从认识中国中去改造中国，就不是一个好的中国的马克思主义者。”“人们的社会存在，决定人们的思想。而代表先进阶级的正确思想，一旦被群众掌握，就会变成改造社会、改造世界的物质力量。”

3. 关于科学理论必须随着时代和实践的发展而发展，无产阶级政党要与时俱进、不断推进理论创新的观点。唯物史观认为，社会意识对社会存在的依赖性，决定了社会意识会随着社会存在的发展相应地或迟或早地发生变化和发展。科学理论，作为正确反映社会发展规律的先进社会意识，也必须随着实践的发展而不断发展，把科学理论当作行动的指南而不是教条。早在唯物史观创立之初，马克思就指出：“新思潮的优点又恰恰在于我们不想教条地预期未来，而只是想通过批判旧世界发现新世界。”恩格斯说：“每一个时代的理论思维，包括我们这个时代的理论思维，都是一种历史的产物，它在不同的时代具有完全不同的形式，同时具有完全不同的内容。”“我们的理论不是教条，而是对包含着一连串互相衔接的阶段的发展过程的阐明。”列宁指出：“我们决不把马克思的理论看作某种一成不变的和神圣不可侵犯的东西；恰恰相反，我们深信：它只是给一种科学奠定了基础，社会党人如果不愿落后于实际生活，就应当在各方面把这门科学推向前进。”毛泽东同志在《实践论》中说：“实践、认识、再实践、再认识，这种形式，循环往复以至无穷，而实践和认识之每一循环的内容，都比较地进到了高一级的程度。这就是辩证唯物论的全部认识论，这就是辩证唯物论的知行统一观。”“社会实践中的发生、发展和消灭的过程是无穷的，人的认识的发生、发展和消灭的过程也是无穷的。根据于一定的思想、理论、计划、方案以从事于变革客观现实的实践，一次又一次地向前，人们对于客观现实的认识也就一次又一次地深化。客观现实世界的变化运动永远没有完结，人们在实践中对于真理的认识也就永远没有完结。马克思列宁主义并没有结束真理，而是在实践中不断地开辟认识真理的道路。”他后来还特别指出：“人类的历史，就是一个不断地从必然王国向自由王国发展的历史。这个历史永远不会完结。在有阶级存在的社会内，阶级斗争不会完结。在无阶级存在的社会内，新与旧、正确与错误之间的斗争永远不会完结。在生产斗争和科学实验范围内，人类总是不断发展的，自然界也总是不断发展的，永远不会停止在一个水平上。因此，人类总得不断地总结经验，有所发现，有所发明，有所创造，有所前进。停止的论点，悲观的论点，无所作为和骄傲自满的论点，都是错误的。”他还说：“马克思列宁主义的伟大力量，就在于它是和各个国家具体的革命实践相联系的。”在改革开放和社会主义现代化建设新时期，邓小平同志敏锐地指出：“世界形势日新月异，特别是现代科学技术发展很快。现在的一年抵得上过去古老社会几十年、上百年甚至更长的时间。不以新的思想、观点去继承、发展马克思主义，不是真正的马克思主义者。”党的十八大以来，习近平总书记强调，“马克思主义理论不是教条，而是行动指南，必须随着实践的变化而发展”，“坚持用马克思主义之‘矢’去射新时代中国之‘的’，继续推进马克思主义基本原理同中国具体实际相结合、同中华优秀传统文化相结合，续写马克思主义中国化时代化新篇章”。因此，与时俱进确立党的科学理论的指导地位，是马克思主义的本质要求，也是无产阶级政党永葆先进性的必然要求。

## 二、与“两个确立”相关的几个理论问题

学习领会马克思主义唯物史观的基本原理和思想观点，联系实际，我们还需要把握好与“两个确立”相关的几个理论问题。

### （一）关于党的领袖与党的理论创新的关系问题

党的领袖是党领导人民在进行伟大斗争的实践中产生出来的。党的领袖具有一系列优秀品质，他们站得高、看得远，眼界开阔、胸怀天下，对党忠诚、不负人民，敢于斗争、勇于担当，乐于奉献、夙夜在公，注重实际、开拓创新，谦虚谨慎、不骄不躁，信念坚定、意志顽强，作风优良、人格伟大，联系群众、不怕牺牲。从个人条件上看，他们最有威信、最有影响、最有经验；从产生方式上看，他们在伟大斗争的实践中产生出来，又通过一定的组织程序被选拔和推荐出来；从所处地位看，他们责任重大，使命崇高，担负着最重要的职责。党的领袖不但要成为党中央的核心、全党的核心，在实践中起领航掌舵的作用，而且在推进党的理论创新中要起决定性作用。毛泽东同志是我们党的第一代中央领导集体的核心，毛泽东思

想是马克思主义中国化的第一次历史性飞跃。毛泽东同志为党领导人民创造新民主主义革命的伟大成就、创造社会主义革命和建设的伟大成就发挥了重大作用，是毛泽东思想的主要创立者，为毛泽东思想的创立起了决定性作用。党的十八大以来，以习近平同志为核心的党中央团结带领全党全军全国各族人民，创造了新时代中国特色社会主义的伟大成就。在这个实践过程中，党坚持把马克思主义基本原理同中国具体实际相结合、同中华优秀传统文化相结合，创立了习近平新时代中国特色社会主义思想，实现了马克思主义中国化新的飞跃。习近平同志为这一思想的创立起了决定性作用、作出了决定性贡献，是这一思想的主要创立者。新时代的伟大斗争产生了党的坚强领导核心，党的坚强领导核心领导了新时代的伟大斗争。新时代的伟大实践孕育和催生了党的创新理论，党的创新理论引领了新时代的伟大实践。理论与实践相互交织、相互影响、相互促进、相互转化。正是因为有习近平总书记领航掌舵，全党才有了顶梁柱，全国 14 亿多人民才有了主心骨；正是因为有习近平新时代中国特色社会主义思想的科学指引，全党全军全国各族人民才有了思想上的“定盘星”、行动上的“指南针”。党的领导核心的确立与党的理论创新是统一的，是两位一体的。党的领导核心都是党的创新理论的主要创立者，都为党的创新理论作出了决定性贡献；党的创新理论都对党的领导核心作用的发挥起了重大的支撑作用。两者相互联系、相互促进，相辅相成、相得益彰。

### （二）关于党的领袖与人民群众的关系问题

党的领袖与人民群众是相互依存、相互离不开的辩证统一关系。一方面，人民群众需要党的领袖，党的领袖来自于人民群众之中，是人民群众利益的忠实代表。没有党的领袖，人民群众的斗争和实践就会陷于自发、涣散、盲目、摸索的状态。党的领袖顺应时代的潮流，满足人民的愿望，领导、组织、团结、带领人民群众前进。党的领袖的抱负、能力、担当、情怀，对党、国家、民族发展的影响至关重要。党的领袖的形象是党、国家、民族人格化的具体体现，能够产生巨大的向心力、凝聚力、感召力。邓小平同志指出：“工人阶级政党的领袖，不是在群众之上，而是在群众之中，不是在党之上，而是在党之中。正因为这样，工人阶级政党的领袖，必须是密切联系群众的模范，必须是服从党的组织、遵守党的纪律的模范。”党的领袖的作用主要体现在这样几个方面：科学预见、教育引领、团结凝聚、举旗定向、领导指挥。具体地说就是依据社会发展的规律和现实状况，总结经验，创新理论，谋划蓝图，预见未来；动员群众，宣传群众，组织群众，使人民群众认识自己的利益，了解自己的前途，明确奋斗的方向；加强团结，坚定信心，攻坚克难，开拓前进。另一方面，党的领袖必须依靠人民群众，从群众中来，到群众中去，倾听人民群众的呼声，集中人民群众的正确意见，密切同人民群众的联系，代表最广大人民群众的根本利益，把人民放在心中最高位置，坚持人民至上。党的领袖来自于人民，根植于人民，服务于人民，党的领袖同人民群众密不可分。刘少奇同志在论述毛泽东同志同人民群众的关系时说过这样一段话：“毛泽东同志，是我们党的领袖，但他又是我们党的一个普通党员，……他是人民群众的领袖，但他的一切都根据人民群众的意志，他在人民面前是最忠实的勤务员和最恭谨的小学生。”他还说：“真正的我们党的历史，中国无产阶级与中国人民的正确的革命方向，是在毛泽东同志那里，是以毛泽东同志为代表为中心而继续着，存在着，发展着；而不是在任何其他的地方，也不是以任何其他的人为中心而存在，而发展。”周恩来同志在《学习毛泽东》一文中强调指出：“我们必须有一个大家共同承认的领袖，这样的领袖能够带着我们前进。”“我们的领袖是从人民当中生长出来的，是跟中国人民血肉相联的，是跟中国的大地、中国的社会密切相关的，是从中国近百年来和‘五四’以来的革命运动、多少年革命历史的经验教训中产生的人民领袖。因此，学习毛泽东必须全面地学习，从他的历史发展来学习，不要只看今天的成就伟大而不看历史的发展。”他在《七大开幕演说》中说：“我们依靠了全党同志的努力奋斗。我们依靠了数十万党内外革命先烈的流血牺牲。我们依靠了上万万人民大众的共同奋斗。我们依靠了国内民主党派的合作和国外进步人士的同情。最主要的，我们还是依靠了我党领袖毛泽东同志的英明领导。他指示了我们以新民主主义的方向，他教育了我们以中国马克思主义的思想和学说，他领导了我们经过中国革命三个历史时期，创造了伟大的革命力量，经历了无数次革命斗争，克服了无数次艰难困苦，达到了今天的初步胜利。”任弼时同志《在中国共产党第七次全国代表大会开幕典礼上的讲话》中也说：“在二十四年的奋斗过程中，我们党产生了自己的领袖毛泽东同志。毛泽东同志的思想，已经掌握了中国广大的人民群众，成为不可战胜的力量。毛泽东三个字不仅成为中国人民的旗帜，而且成为东方各民族争取解放的旗帜！我们应该感到荣幸，我们应该庆贺这个成功。”这些论述，都深刻阐述了党的领袖与人民群众的关系问题。

党的十八大以来，习近平总书记以其特有的睿智、远见、朴实、亲和而又坚毅的风格，以其深刻洞察能力、科学决策能力、高超驾驭能力，以马克思主义政治家、思想家、战略家的恢宏气魄、远见卓识、雄韬伟略，展现了一个风华正茂大党、复兴崛起大国的领袖形象。习近平总书记从人民中走来，又始终在人民之中，他急人民之所急，想人民之所想，办人民之所需，与人民心心相印、息息相通，同广大人民群众始终保持着密切的联系。习近平总书记是我们党的领袖，也是中国人民的领袖。

### （三）关于党的领袖与民主集中制的关系问题

民主集中制是马克思主义政党的根本组织原则，是共产党特有的政治优势、组织优势、制度优势和工作优势。民主集中制的原则和制度有两个方面，一个是民主，一个是集中。民主强调的是发扬民主，集中集体的智慧、全党的智慧。集中强调的是正确集中，凝聚全党的意志，形成集体的力量。民主是正确集中的前提和基础，集中是民主的必然要求和归宿，两者相辅相成、内在统一、不可分割。民主集中制是民主与集中的有机结合。毛泽东同志指出，民主集中制，“它是民主的，又是集中的，就是说，在民主基础上的集中，在集中指导下的民主”。集中以民主为基础，民主通过集中加以体现。没有民主就没有集中，没有集中也没有民主。邓小平同志曾说：“我们党的组织原则是高度的民主和高度的集中相结合，把列宁提出的民主集中制原则精神发挥了。一个党不集中不行，如果没有中央的和各级党委的集中领导，这个党就没有战斗力。这种集中，如果没有高度的民主作基础，集中也是假的。”民主集中制的民主与集中是在矛盾运动中实现统一的。从贯彻落实民主集中制进行决策的过程看，任何一项决策都是先从正确指导下的高度民主开始的，又是在充分发扬民主的基础上进行高度集中后而结束的。民主集中制是马克思主义认识论在党的制度中的体现，是党的群众路线在党内生活中的运用。党的领袖要经常深入基层、深入群众，了解民情、体察民意、倾听民声，问政于民、问需于民、问计于民，善于从广大人民群众中汲取智慧和力量。在重大问题的决策前，要广泛深入地调研，这是实行民主集中制进行决策的前提。同时，党的领袖又要遇事不避难、不推诿，不犹豫徘徊、不优柔寡断，敢于负责、勇于担当，在重大问题上善于发挥引领作用，善于集中领导集体大多数人的意见，最后果断拍板，一锤定音。党的领袖的作用就是通过民主集中制来发挥的、来实现的，是建立在民主集中制基础之上的。党的领袖应该是贯彻执行民主集中制的榜样和典范。党的十四届四中全会在总结党的领导集体和核心关系时，是将其作为坚持民主集中制的一个重大问题来强调的。全会通过的决定指出：“党的历史表明，必须有一个在实践中形成的坚强的中央领导集体，在这个领导集体中必须有一个核心。如果没有这样的领导集体和核心，党的事业就不能胜利。这是坚持民主集中制的一个重大问题。”

对以上所述的唯物史观的基本原理及与之相关的理论问题进行思考，我们可以看到，这些基本原理、理论观点和理论问题，在中国共产党百年奋斗的历程中都给予了充分的历史说明和实践验证。

# 从未来维度认识把握“两个确立”*

党的十九届六中全会审议通过的《中共中央关于党的百年奋斗重大成就和历史经验的决议》指出：“党确立习近平同志党中央的核心、全党的核心地位，确立习近平新时代中国特色社会主义思想的指导地位，反映了全党全军全国各族人民共同心愿，对新时代党和国家事业发展、对推进中华民族伟大复兴历史进程具有决定性意义。”“两个确立”的提出，是对党的百年奋斗历史经验特别是党的十八大以来伟大实践经验的深刻总结，是中国特色社会主义进入新时代的历史条件下形成的最重要政治成果。

历史、现实和未来是相通的。历史、现实已经雄辩地证明了“两个确立”的决定性意义。未来，将从历史和现实中走来。在实现第二个百年奋斗目标的新征程上，我们党面临形势环境的复杂性和严峻性、肩负任务的繁重性和艰巨性世所罕见、史

* 本文发表于《中国纪检监察报》2022 年 7 月 7 日。

所罕见，我们面前仍然存在很多可以预料和难以预料的风险挑战，我们能不能应对好这些风险挑战，处理和解决好那些复杂艰难的问题，如期实现既定奋斗目标，迫切需要“两个确立”来给予引领。从未来维度认识把握“两个确立”，就是要在复杂多变的形势下，回答和解决好如何防范迟滞或中断中华民族伟大复兴历史进程的问题，如何实现第二个百年奋斗目标、全面建成社会主义现代化强国的问题，如何推动建设新型国际关系、推动构建人类命运共同体的问题。

## 一、应对世界百年未有之大变局的迫切需要

从未来维度看，“两个确立”为应对世界百年未有之大变局提供了重要保障。

正确认识和把握世界百年未有之大变局的基本特征。“世界百年未有之大变局”，是习近平总书记深刻洞察时代大势和历史规律作出的一个重大战略判断。这个判断给了我们观察世界、认识世界的一个新途径、新视角、新方法。正确认识和把握世界百年未有之大变局的基本特征，是认识大变局、适应大变局、引领大变局的前提。因为，这是未来实现中华民族伟大复兴的国际背景和外部条件。习近平总书记就世界百年未有之大变局发表过一系列重要论述，这些论述深刻阐释了世界百年未有之

大变局的基本特征。学习领会习近平总书记的重要讲话精神，对这些特征，我们可以作如下两个方面的判断和概括。

一是世界百年未有之大变局是世界近代以来特别是20世纪以来最具革命性的变化。2015年11月24日，习近平总书记在中央军委改革工作会议上指出：“当前国际格局和国际体系正在发生深刻调整，全球治理体系正在发生深刻变革，国际力量对比正在发生近代以来最具革命性的变化。国内外很多人都认为，这是世界自威斯特伐利亚和约以来的大变局。”“特别是经过第二次世界大战结束以后的发展，发展中国家整体崛起，新兴市场国家实力不断壮大，世界经济版图发生深刻变化，引起国际格局和国际体系发生了前所未有的变化。”习近平总书记讲大变局时提到3个时间点：即“近代以来”“威斯特伐利亚和约以来”“第二次世界大战结束以后”。从中我们可以看到，习近平总书记赋予百年概念的内涵是开放的，强调百年未有，主要在于说明这一变局对世界历史将产生极其深刻的影响。所以，百年未有之大变局是世界近代以来特别是20世纪以来国际政治、经济、军事、科技等领域已经发生、正在发生的历史性革命性变化，而且这一变局仍将持续相当长一段时间，将伴随中华民族伟大复兴的全过程。

二是世界百年未有之大变局的实质是世界发展态势即国际力量分合的深刻调整。正确认识世界百年未有之大变局的实质，必须透过现象看本质。2012 年 12 月，习近平总书记指出：“要认清国家安全面临的机遇和挑战，首先要从总体上把握各种国际力量的分合，分在哪里？合向何处？我们说的世界发展态势，实质上就是指这种力量分合。”“国际金融危机发生五年来，对世界经济格局以及政治、安全形势产生了深刻影响……这个大变局，可以说是前所未有的。”2014 年 11 月 28 日，习近平总书记在中央外事工作会议上进一步提出了关于世界发展态势的 5 组辩证关系：“要充分估计国际格局发展演变的复杂性，更要看到世界多极化向前推进的态势不会改变。要充分估计世界经济调整的曲折性，更要看到经济全球化进程不会改变。要充分估计国际矛盾和斗争的尖锐性，更要看到和平与发展的时代主题不会改变。要充分估计国际秩序之争的长期性，更要看到国际体系变革方向不会改变。要充分估计我国周边环境中的不确定性，更要看到亚太地区总体繁荣稳定的态势不会改变。”2018 年 6 月 10 日，习近平总书记强调指出：“尽管当今世界霸权主义和强权政治依然存在，但推动国际秩序朝着更加公正合理方向发展的呼声不容忽视，国际关系民主化已成为不可阻挡的时代潮流。”“尽管各种传统和非传统安全威胁不断涌现，但捍卫和平的力量终将战胜破坏和平的势力，安全稳定是人心所向。”“尽管单边主义、贸易保护主义、逆全球化思潮不断有新的表现，但‘地球村’的世界决定了各国日益利益交融、命运与共，合作共赢是大势所趋。”“尽管文明冲突、文明优越等论调不时沉渣泛起，但文明多样性是人类进步的不竭动力，不同文明交流互鉴是各国人民共同愿望。”11月17日，习近平总书记又在亚太经合组织工商领导人峰会上的主旨演讲中指出：“当今世界正处于大发展大变革大调整时期。经济全球化大潮滚滚向前，但保护主义、单边主义为世界经济增长蒙上了阴影。新科技革命和产业变革蓄势待发，但增长新旧动能转换尚未完成。国际格局深刻演变，但发展失衡未有根本改观。全球治理体系加快变革，但治理滞后仍是突出挑战。”

习近平总书记的重要论述告诉了我们以下结论：第一，世界百年未有之大变局的实质是国际力量的分合，是国力之争、制度之争、理念之争。第二，国际力量的分合所形成的国际格局有较强的稳定性和惯性，一旦形成，会在一个较长时期内相对固化下来，不会在朝夕之间发生根本性的调整改变，其突出表现就是“国际格局发展演变的复杂性”和“国际秩序之争的长期性”。第三，变与不变是一对矛盾统一体，变是绝对的，不变是相对的。最根本的一点是，各种国际力量的此消彼长、分分合合，所带来的国际格局和全球治理体系的变革需求是无法回避的，“国际体系变革方向不会改变”，“国际关系民主化已成为不可阻挡的时代潮流”。第四，站在历史发展规律的角度，大变局中的各种变量可归纳为两种，一种是霸权主义和强权政治、单边主义、贸易保护主义、逆全球化思潮等逆向变量，另一种是国际关系民主化、世界多极化、经济全球化等正向变量。两种变量之争，构成了世界百年未有之大变局中的主要矛盾，并正在深刻影响世界格局的发展态势。

正确认识和把握世界百年未有之大变局带来的机遇和挑战。大变局中的世界是一个全面变革的世界，也是一个新机遇新挑战不断出现的世界，任何一个国家都无法在大变局中置身事外，中国和中华民族也不例外。从总的形势来看，“变革会催生新的机遇，但变革过程往往充满着风险挑战”。环顾世界，大变局中的变化之大是有目共睹的。一方面，世界多极化、经济全球化、社会信息化、文化多样化深入发展，全球治理体系和国际秩序变革加速推进，国际力量对比深刻调整，新兴市场国家和发展中国家快速崛起，国际力量对比更趋均衡，世界各国人民的命运从来没有像今天这样紧密相连。另一方面，保护主义、单边主义、民粹主义、霸权主义、强权政治威胁上升，特别是俄乌局势震动全球，对国际格局和世界秩序造成重大冲击。经济低迷成为全球经济新常态，经济全球化遭遇逆流，新冠肺炎疫情影响广泛而深远，市场需求成为全球竞争最稀缺的资源，生态安全、生物安全、粮食安全等问题突出，能源供求格局出现新变化，恐怖主义、极端民族主义、原教旨主义等全球性问题不断增多，局部动荡此起彼伏，传统安全和非传统安全问题复杂交织，治理赤字、信任赤字、和平赤字、发展赤字凸显，经济问题政治化现象突出，大国关系进入全方位角力新阶段。

面对世界百年未有之大变局，进行综合分析和研判，我们可以看到，我们既面临着十分严峻的挑战，也面临着难得的发展机遇。大变局中危和机同生并存，危中有机、危可转机。一方面，经过几十年的持续发展，尤其是改革开放以来的快速发展，中国日益走近世界舞台的中央。从大变局本身来看，以中国为代表的新兴市场国家和发展中国家群体性崛起，从根本上改变了国际力量的对比，而中国则成为大变局中最大的变量。“我国同国际社会的互联互动也已变得空前紧密，我国对世界的依靠、对国际事务的参与在不断加深，世界对我国的依靠、对我国的影响也在不断加深”，“我国经济对世界经济的影响、世界经济对我国经济的影响都是前所未有的”。中国始终不渝地做世界和平的建设者、全球发展的贡献者、国际秩序的维护者。中国在与世界的联系互动中实现了历史性的发展，又以自身的发展为世界和平与发展注入了前所未有的正能量。中华民族伟大复兴注定是一场改变历史、创造未来的非凡历程。另一方面，以美国为首的西方国家不愿意看到一个强大中国的出现，更不愿意看到一个强大的社会主义中国的出现。美国将中国视为战略竞争对手，从科技、经济、政治、军事、外交等各方面对我国展开全面遏制和极限施压，企图阻挠中华民族伟大复兴的历史进程，我国面临的国际环境错综复杂。两种社会制度、两种意识形态的斗争也将是长期的、复杂的、艰巨的、严峻的。中美之间的战略博弈，势必持续一个较长的时期，我们对此必须做好充分的思想准备和工作准备。

正确认识和把握世界百年未有之大变局的应对之策。面临世界百年未有之大变局，面对"世界怎么了，我们怎么办""建设一个什么样的世界、如何建设这个世界"等关乎人类前途命运的时代之问和世界之问，习近平总书记在外交工作中提出来的一系列重要论述，给我们以应对之策，其内容概括起来主要是：新时代中国外交的根本保证是加强党对对外工作的集中统一领导；历史使命是推进中国特色大国外交，服务中华民族伟大复兴；总目标是推动构建人类命运共同体；出发点和落脚点是坚决维护国家主权、安全、发展利益；根本要求是坚持增强战略自信；重要合作平台是积极促进"一带一路"国际合作；基本原则是坚持走和平发展道路；重要着力点是积极发展全球伙伴关系；大国担当是坚决参与全球治理体系改革和建设；最鲜明特质是塑造中国外交独特风范；能力建设是努力掌握科学思想方法和工作方法。在中国特色大国外交实践中，形成了习近平外交思想，在这一思想指引下，我国开创了新时代中国特色大国外交新局面，习近平外交思想是新时代中国特色大国外交的根本遵循和行动指南。

推动构建人类命运共同体，是习近平总书记提出的一个重大创新理念，是中国共产党人对解决世界问题贡献的中国智慧、中国方案。2013 年 3 月，习近平总书记访问俄罗斯，在莫斯科国际关系学院发表题为《顺应时代前进潮流，促进世界和平发展》的演讲，首次阐述了人类命运共同体理念。习近平总书记指出：“这个世界，各国相互联系、相互依存的程度空前加深，人类生活在同一个地球村，生活在历史和现实交汇的同一个时空里，越来越成为你中有我、我中有你的命运共同体。”此后，习近平总书记在不同的时间、不同的场合又创造性地提出了一系列与之相关的具体理念。同年 3 月 25 日，在坦桑尼亚提出中非从来都是命运共同体。10 月 3 日，在印度尼西亚倡议携手建设更为紧密的中国—东盟命运共同体。10 月 7 日，在亚太经合组织工商领导人峰会上提出要牢固树立亚太命运共同体意识。10 月 24 日，在周边外交工作座谈会上提出，要把中国梦同周边各国人民过上美好生活的愿望、同地区发展前景对接起来，让命运共同体意识在周边国家落地生根。2014 年 7 月，在中国—拉美和加勒比国家领导人会晤上，呼吁中拉双方努力构建携手共进的命运共同体，共创中拉关系美好未来。11 月，在中央外事工作会议上提出打造周边命运共同体，深化同周边国家的互利合作和互联互通。2015 年 3 月，在博鳌亚洲论坛 2015 年年会上进一步提出，要通过迈向亚洲命运共同体，推动建设人类命运共同体。9月，习近平总书记在纽约联合国总部出席第七十届联合国大会一般性辩论并发表题为《携手构建合作共赢新伙伴　同心打造人类命运共同体》的讲话，首次阐明了打造人类命运共同体的总路径和总布局。讲话指出，建立平等相待、互商互谅的伙伴关系；营造公道正义、共建共享的安全格局；谋求开放创新、包容互惠的发展前景；促进和而不同、兼收并蓄的文明交流；构筑尊崇自然、绿色发展的生态体系；将自身发展经验和机遇同世界各国分享，欢迎各国搭乘中国发展“顺风车”，一起实现共同发展。讲话把构建以合作共赢为核心的新型国际关系与打造人类命运共同体紧密相连，进一步丰富和发展了人类命运共同体理念。此后，在国际组织召开的各种会议上，习近平总书记继续深入阐述这一理念。2017年1月，习近平总书记在日内瓦万国宫出席“共商共筑人类命运共同体”高级别会议，并发表题为《共同构建人类命运共同体》的主旨演讲，呼吁国际社会共同推进构建人类命运共同体伟大进程。演讲指出，构建人类命运共同体，国际社会要从伙伴关系、安全格局、经济发展、文明交流、生态建设等方面作出努力。要坚持对话协商，建设一个持久和平的世界；要坚持共建共享，建设一个普遍安全的世界；要坚持合作共赢，建设一个共同繁荣的世界；要坚持交流互鉴，建设一个开放包容的世界；要坚持绿色低碳，建设一个清洁美丽的世界。演讲对构建人类命运共同体的科学内涵作了全面的阐述，使这一理念从概念范畴丰富发展成为比较完整的思想体系。3 月，联合国安理会召开会议，在联合国安理会通过的第 2344 号决议文件中，“构建人类命运共同体”被写入文件，这个理念弘扬了和平、发展、公平、正义、民主、自由的全人类共同价值，引领了人类进步潮流，得到了全世界广大国家的广泛认同。构建人类命运共同体，是解决世界问题的重要理念，是指明世界历史发展方向的重要答案，鲜明地体现了中国共产党人的全球视野，鲜明地体现了中国人民的博大胸怀，鲜明地体现了中华民族的聪明智慧。

共建“一带一路”是中国提供给世界的最佳国际公共产品，是中国人民践行“构建人类命运共同体”的最好平台和实践载体。2013 年 9 月，习近平总书记访问哈萨克斯坦，在纳扎尔巴耶夫大学发表演讲，指出：“为了使我们欧亚各国经济联系更加紧密、相互合作更加深入、发展空间更加广阔，我们可以用创新的合作模式，共同建设‘丝绸之路经济带’。这是一项造福沿途各国人民的大事业。”这是习近平总书记提出的“一带”。10 月，习近平总书记访问印度尼西亚，在印度尼西亚国会发表演讲，指出：“东南亚地区自古以来就是‘海上丝绸之路’的重要枢纽，中国愿同东盟国家加强海上合作，使用好中国政府设立的中国—东盟海上合作基金，发展好海洋合作伙伴关系，共同建设 21 世纪‘海上丝绸之路’。”这是习近平总书记提出的

“一路”。“一带”“一路”相加就构成“一带一路”。“一带一路”倡议根植于历史，但面向未来；源自中国，但属于世界。它的提出就是为了回答世界面临的现实问题和回应时代的声音。我们要将“一带一路”建设成和平之路、繁荣之路、开放之路、创新之路、文明之路；我们秉持的建设原则是共商、共建、共享；我们推进“一带一路”的合作重点是“五通”，即政策沟通、设施联通、贸易畅通、资金融通、民心相通；我们推进“一带一路”建设要努力打造 3 个共同体：利益共同体、责任共同体、命运共同体；我们推进建设“一带一路”，要大力弘扬“和平合作，开放包容，互学互鉴，互利共赢”的丝路精神。“一带一路”建设对促进全球经济振兴、促进世界和平稳定产生了积极深远的影响。“一带一路”涉及的沿线国家，有的是发达国家，有的是发展中国家，还有的是新兴经济体国家；有的地处内陆，有的地处海洋；有的是大国，有的是小国。从东到西、双向对应的一条陆路和一条海路将沿线的各个国家连接起来。由点到面、由线到片，再不断向前延伸和向外辐射，形成一个南北呼应、东西互济、影响世界的整体观念。“一带一路”倡议提出后，世界各国积极响应，全球 180 多个国家和国际组织积极支持和参与，联合国大会、联合国安理会等重要决议也纳入“一带一路”建设的内容。“一带一路”已经成为当今世界深受欢迎的国际公共产品和国际合作平台。

党的十八大以来，我国积极开展中国特色大国外交，以元首外交为引领，以主场外交为重点，以共建“一带一路”为载体，积极参与全球治理，广交朋友、深交朋友，树立大国的良好形象，创造了良好的外部环境。只要我们充分发挥中国共产党领导和中国特色社会主义的政治优势、制度优势，统筹做好战略性谋划、系统性应对，打好主动仗、持久战、总体战，在变局中开创新局，在乱局中化危为机，就会引领世界发展的正确方向，为人类开辟更加美好的未来。

## 二、防范和应对各种风险挑战，实现中华民族伟大复兴中国梦的迫切需要

从未来维度看，“两个确立”为防范和应对各种风险挑战、实现中华民族伟大复兴提供了根本保障。

中华民族伟大复兴处在关键时期。党的十八大站在了一个新的历史起点上。在新的历史条件下，要续写坚持和发展中国特色社会主义这篇大文章，需要凝心聚力、精神支撑、目标引领。党的十八大对实现“两个一百年”奋斗目标作出了安排部署，习近平总书记发出了实现中华民族伟大复兴中国梦的时代强音。中国梦成为中国走向未来的鲜明指引，成为中华民族团结奋斗的最大公约数和最大同心圆，成为激励海内外中华儿女

团结奋进、开辟未来的一面精神旗帜。

党的十九大擘画了实现“两个一百年”奋斗目标、实现中华民族伟大复兴中国梦的宏伟蓝图。大会指出，从现在到2020年，是全面建成小康社会决胜期。要按照党的十六大、十七大、十八大提出的全面建成小康社会各项要求，突出抓重点、补短板、强弱项，特别是要坚决打好防范化解重大风险、精准脱贫、污染防治的攻坚战，使全面建成小康社会得到人民认可、经得起历史检验。从党的十九大到二十大，是“两个一百年”奋斗目标的历史交汇期。既要全面建成小康社会、实现第一个百年奋斗目标，又要乘势而上开启全面建设社会主义现代化国家新征程，向第二个百年奋斗目标进军。大会综合分析了国际国内形势和我国发展条件，提出从2020年到本世纪中叶可以分两个阶段来安排：第一个阶段，从2020年到2035年，在全面建成小康社会的基础上，再奋斗15年，基本实现社会主义现代化。第二个阶段，从2035年到本世纪中叶，在基本实现现代化的基础上，再奋斗15年，把我国建成富强民主文明和谐美丽的社会主义现代化强国。

习近平总书记在发出为实现中华民族伟大复兴中国梦而不懈奋斗的号召时，曾多次指出，今天，我们比历史上任何时期都更接近中华民族伟大复兴的目标，比历史上任何时期都更有信心、更有能力实现这个目标。同时，他又反复强调：“行百里者半九十。中华民族伟大复兴，绝不是轻轻松松、敲锣打鼓就能实现的。全党必须准备付出更为艰巨、更为艰苦的努力。”“越是接近民族复兴越不会一帆风顺，越充满风险挑战乃至惊涛骇浪。”“我们面临的各种斗争不是短期的而是长期的，至少要伴随我们实现第二个百年奋斗目标全过程。”“我们越发展壮大，遇到的阻力和压力就会越大，面临的外部风险就会越多。这是我国由大向强发展进程中无法回避的挑战，是实现中华民族伟大复兴绕不过的门槛。”“我们现在所处的，是一个船到中流浪更急、人到半山路更陡的时候，是一个愈进愈难、愈进愈险而又不进则退、非进不可的时候。”防范各种风险挑战，特别是防范出现迟滞或中断中华民族伟大复兴进程的风险，至关重要。

中华民族是世界上伟大的民族，有着5000多年源远流长的文明历史，为人类文明进步作出了不可磨灭的贡献。1840年鸦片战争以后，由于西方列强的入侵和封建统治的腐败，中国逐步成为半殖民地半封建社会，国家蒙辱、人民蒙难、文明蒙尘，中华民族遭受了前所未有的劫难。从那时起，实现中华民族伟大复兴，就成为中国人民和中华民族最伟大的梦想。中国进入近代以后，推进现代化、实现中华民族伟大复兴的历史进程，多次被迟滞，多次被打断。远的不说，日本帝国主义对中国的侵略就打断了两次。一次是1894年发生的中日甲午战争，一次是1931年至1945年日本的侵华战争。甲午战争，中国战败，

1895 年中国被迫签订《马关条约》，对日割地赔款。中国赔款 2 亿两白银，割让了台湾、澎湖列岛及辽东半岛。由于辽东半岛涉及俄德法三国的利益，三国联合其他国家干预后，日本被迫归还辽东半岛，但中国又被迫缴纳赎金 3000 万两白银。中国的赔款大大加快了日本的现代化进程，而中国却背负了沉重的债务。从 1931 年九一八事变发生到 1945 年抗战胜利，中国的抗战长达 14 年之久，日本帝国主义给中国人民造成了严重的生命和财产损失。按 1937 年的比价计算，中国直接损失 1000 亿美元，间接损失 5000 亿美元，中国在战争中人口伤亡达 3500 万人。历史的往事刻骨铭心，历史的悲剧绝不允许重演。

化险为夷、转危为安，从容应对各种风险挑战。随着中华民族伟大复兴进程的推进，我们面临的各种风险挑战越来越大、越来越多。现在我国国家安全内涵和外延比历史上任何时候都要丰富，时空领域比历史上任何时候都要宽广，内外因素比历史上任何时候都要复杂。国家安全已经涵盖政治、军事、国土、经济、文化、社会、科技、网络、生态、资源、核、海外利益、太空、深海、极地、生物等诸多领域，无所不在，而且将随着社会发展不断拓展。同时，各种威胁和挑战联动效应明显，各种矛盾风险挑战源、各类矛盾风险挑战点相互交织、相互作用，今后一个时期，我们将面对更多逆风逆水的外部环境。从内部环境来看，“各方面风险不断积累甚至集中显露”。政治安全风险、意识形态安全风险、经济发展风险、科技安全风险、社会稳定风险、生态安全风险、生物安全风险、党的建设面临的风险越来越复杂。主要表现是，政治和意识形态上面临“西化分化陷阱”，经济和社会发展上面临“中等收入陷阱”。我国发展不平衡不充分问题仍然突出，创新能力不适应高质量发展要求，农业基础还不稳固，城乡区域发展和收入分配差距较大，生态环保任重道远，民生保障存在短板，社会治理还有弱项，党的建设面临的“四大考验”“四种危险”复杂严峻。

同时，各种风险往往不是孤立存在的，很可能会相互叠加、相互交织、相互转化、相互作用并形成一个风险综合体，使小风险发展为大风险、外部风险转化为内部风险、经济风险演变为政治风险，甚至可能出现迟滞或中断中华民族伟大复兴进程的全局性风险，对此必须高度警惕。

关于这些风险挑战，习近平总书记多次作出深刻分析、提出明确要求。2018 年 1 月 5 日，他在新进中央委员会的委员、候补委员和省部级主要领导干部学习贯彻习近平新时代中国特色社会主义思想和党的十九大精神研讨班开班式的讲话中，列举了 8 个方面存在的 16 个具体风险点；2019 年 1 月 21 日，他在省部级主要领导干部坚持底线思维着力防范化解重大风险专题研讨班开班式的讲话中，又讲了 9 个方面存在的风险。习近平总书记强调指出，我们既要高度警惕“黑天鹅”事件，也要防范“灰犀牛”事件；既要有防范风险的先手，也要有应对和化解风险挑战的高招；既要打好防范和抵御风险的有准备之战，也要打好化险为夷、转危为机的战略主动战。正像习近平总书记所指出的那样：“当今世界正处于大发展大变革大调整时期，我们要具备战略眼光，树立全球视野，既要有风险忧患意识，又要有历史机遇意识，努力在这场百年未有之大变局中把握航向。”

## 三、推进党的自我革命，走好新的赶考之路的迫切需要

从未来维度看，“两个确立”为坚持党的自我革命、走好新的赶考之路提供了坚强的政治保障。

正确认识和把握“四大考验”和“四种危险”的长期性、复杂性、严峻性、尖锐性。中国共产党是中国工人阶级的先锋队，同时是中国人民和中华民族的先锋队。党的宗旨是全心全意为人民服务。“中国共产党从来不代表任何利益集团、任何权势团体、任何特权阶层的利益。”我们党长期执政，面临的“四大考验”是长期的、复杂的，面临的“四种危险”是尖锐的、严峻的，最大风险就是内部变质、变色、变味。我们党高度重视党的建设，在不同的历史时期，将党的建设作为“伟大的工

程”“新的伟大工程”“新时代的伟大工程”来实施，以此来不断保证党的先进性和纯洁性。延安时期，毛泽东同志与黄炎培先生有一个著名的“窑洞对”；在党的七届二中全会上，毛泽东同志提出了“两个务必”的重要论断；党中央机关迁移北平前，毛泽东同志与周恩来同志有一段经典的“进京赶考”的对话。这些都是我们党保持清醒、经受考验的生动故事。1945年7月初，黄炎培先生等6位国民参政员由重庆到延安进行考察。毛泽东同志与黄炎培先生等进行了多次交谈。有一次毛泽东同志问黄炎培先生的感想怎么样？黄炎培先生说：“我生六十多年，耳闻的不说，所亲眼看到的，真所谓‘其兴也浡焉’，‘其亡也忽焉’，一人，一家，一团体，一地方，乃至一国，不少单位没有能跳出这周期率的支配力。”“一部历史，‘政怠宦成’的也有，‘人亡政息’的也有，‘求荣取辱’的也有。总之没有能跳出这周期率。中共诸君从过去到现在，我略略了解的了。就是希望找出一条新路，来跳出这周期率的支配。”毛泽东同志回答说：“我们已经找到新路，我们能跳出这周期率。这条新路，就是民主。只有让人民来监督政府，政府才不敢松懈。只有人人起来负责，才不会人亡政息。”1949年3月，在全国胜利的前夕，我们党召开七届二中全会，着重讨论党的工作重心的战略转移问题。针对党所处的历史方位发生的根本性变化，毛泽东同志在会上发表讲话提出了“两个务必”的重要论断，这就是

“务必使同志们继续地保持谦虚、谨慎、不骄、不躁的作风，务必使同志们继续地保持艰苦奋斗的作风”。3月23日，党中央机关由河北省建屏县西柏坡（今属河北省平山县）迁往北平，出发时，毛泽东同志对周恩来同志说，今天是进京的日子，进京赶考去。周恩来笑着回答说，我们应当都能考试及格，不要退回来。毛泽东接着说，退回来就失败了。我们决不当李自成，我们都希望考个好成绩。这段对话展现了中国共产党人面临执政大考的清醒和坚定。中国共产党在中国执政已经70多年了，实行改革开放也已经40多年了。我们党经受了一次次的大考，向人民交上了一份份优异的答卷。但是，执政使命艰巨，考验未有穷期。党风廉政建设永远在路上，全面从严治党永远在路上。我们党面临的执政考验、改革开放考验、市场经济考验、外部环境考验是长期的、复杂的，党面临的精神懈怠危险、能力不足危险、脱离群众危险、消极腐败危险是尖锐的、严峻的。

坚持自我革命，确保党不变质、不变色、不变味。习近平总书记强调指出：“我们党历经百年、成就辉煌，党内党外、国内国外赞扬声很多。”越是这样越要发扬自我革命精神，千万不能在一片喝彩声中迷失自我。全党同志要永葆自我革命精神，增强全面从严治党永远在路上的政治自觉，决不能滋生已经严到位、严到底的情绪！要保持头脑清醒，对全党的思想、组织、作风、廉洁等情况要有客观正确的认识和把握。要居安思危，时刻警惕我们这个百年大党会不会变得老态龙钟、疾病缠身。对党的历史上走过的弯路、经历的曲折不能健忘失忆，对中外政治史上那些安于现状、死于安乐的深刻教训不能健忘失忆；对自身存在的问题不能反应迟钝，处理动作慢腾腾、软绵绵，最终人亡政息！要以伟大自我革命引领伟大社会革命，以伟大社会革命促进伟大自我革命，确保党在新时代坚持和发展中国特色社会主义的历史进程中始终成为坚强领导核心。我们党历史这么长、规模这么大、执政这么久，如何跳出治乱兴衰的历史周期率？毛泽东同志与黄炎培先生在延安的“窑洞对”给出了第一个答案。经过百年奋斗特别是党的十八大以来新的实践，我们党又给出了第二个答案，这就是自我革命。勇于自我革命是我们党区别于其他政党的显著标志。正是因为我们党具备了这种独有的政治品格，才能穿越百年风风雨雨，多次在危难之际重新奋起、失误之后拨乱反正，成为打不倒、压不垮的马克思主义政党。“不私，而天下自公。”我们党没有任何自己特殊的利益，这是我们党敢于自我革命的勇气之源、底气所在。正因为无私，才能本着彻底的唯物主义精神经常检视自身、常思己过，才能摆脱一切利益集团、权势团体、特权阶层的围猎腐蚀，并向党内被这些集团、团体、阶层所裹挟的人开刀。

我们党之所以伟大，不在于不犯错误，而在于从不讳疾忌医，敢于直面问题，勇于自我革命。进行自我革命，必须不断同一切影响党的先进性、弱化党的纯洁性的问题作坚决斗争，实现自我净化、自我完善、自我革新、自我提高。自我净化，就是要过滤杂质、清除毒素、割除毒瘤，教育引导全党坚定理想信念宗旨，自觉抵御各种腐朽思想侵蚀，提高政治免疫力，同时聚焦突出问题，自觉向体内病灶开刀，清除一切侵蚀党的健康肌体的病毒；自我完善，就是要修复肌体、健全机制、丰富功能，着眼于加强党的长期执政能力建设，着力补短板、强弱项，不断构建系统完备、科学规范、运行有效的制度体系，完善决策科学、执行坚决、监督有力的权力运行机制；自我革新，就是要与时俱进、自我超越，善于调动全党积极性、主动性、创造性，坚决破除一切不合时宜的思想观念和体制机制弊端，通过改革和制度创新压缩腐败现象生存空间和滋生土壤，营造风清气正的政治生态；自我提高，就是要有新本领、新境界，永不僵化、永不停滞，在学习实践中砥砺品格、增长才干，全面增强执政本领，不断提升政治境界、思想境界、道德境界，永葆党的生机活力。“四个自我”形成了依靠党自身力量发现问题、纠正偏差、推动创新、实现执政能力整体性提升的良性循环。事实证明，只要我们始终不忘党的性质宗旨，勇于直面自身存在的问题，以刮骨疗毒的决心和意志消除一切损害党的先进性和纯洁性的因素，就能够形成党长期执政条件下实现“四个自我”的有效途径。

# 从实践维度认识把握“两个确立”*

“两个确立”是马克思主义政党建设的根本要求，是总结党的百年奋斗历程的重要经验，是新时代党和国家取得历史性成就、发生历史性变革的根本原因，是党的十八大以来党取得的最大政治成果，是赢得未来的根本政治保证。从实践维度认识把握“两个确立”，就是全党同志尤其是党员领导干部必须解决好领悟“两个确立”、拥护“两个确立”、落实“两个确立”、捍卫“两个确立”的问题，从而坚决做到“两个维护”。

作为实践中的最大政治要求，“两个确立”不是口号，而是重大的政治；“两个确立”不是抽象的，而是具体的。拥护“两个确立”、做到“两个维护”，也不是空喊口号，而是要体现和落实到实际行动中。要不断增强对“两个确立”的政治认同、思想认同、理论认同、情感认同，把“两个确立”真正转化为坚决做到“两个维护”的政治自觉、思想自觉、行动自觉。

---

* 本文发表于《中国新闻发布》2022 年第 10 期。

## 一、抓住一个根本：强化理论武装

### （一）明确学习目的

习近平新时代中国特色社会主义思想开辟了当代中国马克思主义、二十一世纪马克思主义新境界，是建设坚强有力的马克思主义执政党、确保党长期执政和国家长治久安的思想旗帜，是在新的历史起点上坚持和发展中国特色社会主义的根本指针，是实现中华民族伟大复兴的行动指南，是引领世界百年未有之大变局、推进人类文明进步事业的理论指导。深入学习贯彻习近平新时代中国特色社会主义思想，是全党一项长期的重大政治任务，是广大党员、干部的基本功、必修课。列宁在《唯物主义和经验评判主义》中曾将马克思主义理论体系生动地比喻为“一块整钢”，习近平新时代中国特色社会主义思想就是这样“一块整钢”。我们必须以系统思维、整体视角、贯通观点加深认识和理解，不断增强贯彻落实的自觉性和坚定性。

习近平总书记指出：“理论修养是干部综合素质的核心，理论上的成熟是政治上成熟的基础，政治上的坚定源于理论上的清醒。从一定意义上说，掌握马克思主义理论的深度，决定着政治敏感的程度、思维视野的广度、思想境界的高度。”“时代是思想之母，实践是理论之源。实践发展永无止境，我们认识真理、进行理论创新就永无止境。”加强理论武装，才能做到思想上紧紧跟随。思想引领实践，认识影响行动。深刻领悟“两个确立”、坚决做到“两个维护”，思想上的紧紧跟随和深刻认同是基础、是前提。要坚持把学习贯彻习近平新时代中国特色社会主义思想作为首要政治任务，在学懂弄通做实上下功夫。要深刻理解习近平新时代中国特色社会主义思想所彰显的时代意义、理论意义、实践意义、世界意义，所蕴含的核心要义、精神实质、丰富内涵、实践要求，所体现的习近平总书记的政治勇气、历史担当、人民情怀和人格魅力，努力掌握贯穿其中的马克思主义立场、观点、方法，力求学深学透、入脑入心、学以致用，切实把理想信念的坚定内化为深刻认同核心的自觉，筑牢信仰之基、补足精神之钙、把稳思想之舵，坚定对中国特色社会主义的道路自信、理论自信、制度自信、文化自信，切实把习近平新时代中国特色社会主义思想作为政治上的灵魂、思想上的旗帜、行动上的指南。

要在学习中涵养正气、淬炼思想、升华境界、指导实践、推动工作，真正学出坚定信仰、学出绝对忠诚、学出人民情怀、学出责任担当、学出过硬作风、学出能力水平。习近平总书记强调：“信仰、信念、信心，任何时候都至关重要。”“无论过去、现在还是将来，对马克思主义的信仰，对中国特色社会主义的信念，对实现中华民族伟大复兴中国梦的信心，都是指引和支撑中国人民站起来、富起来、强起来的强大精神力量。”通过理论学习和理论武装，建立起信仰，建立起信念，建立起信心，这才是最根本、最关键、最重要的。这是深刻领悟“两个确立”、坚决做到“两个维护”最牢靠的根基。

要在学习中掌握贯穿这一思想中的马克思主义立场、观点、方法。马克思主义的精神实质在于其立场、观点、方法，马克思主义的生命力也在于其立场、观点、方法。学习习近平新时代中国特色社会主义思想，不仅要学习领会这一思想的重要论述，还要学习习近平总书记的科学思想方法和工作方法。在习近平总书记的科学思想方法和工作方法中，内含的七大思维十分重要。这就是战略思维、历史思维、辩证思维、创新思维、法治思维、底线思维、系统思维。只有学习领会了这七大思维，我们才能领悟习近平总书记是如何以战略思维布全局、如何以历史思维观大势、如何以辩证思维抓根本、如何以创新思维添活力、如何以法治思维求善治、如何以底线思维补短板、如何以系统思维谋整体。我们还要学习习近平总书记的领导作风和工作作风，并在实践中发扬光大、认真践行。这就是：学用结合，知行统一；一分部署，九分落实；“三严三实”，求真务实；老老实实做人，踏踏实实做事；不尚空谈，实干兴邦；不尚虚谈，多务实功；坚持问题导向、目标导向、结果导向；以钉钉子精神抓落实；一张蓝图绘到底；慎终如始，善始善终，善作善成；滚石上山，抓铁有痕，踏石留印；锲而不舍，久久为功；等等。

## （二）丰富学习内容

我们党是一个既重视理论创新也善于理论创新的党。在党的百年历史上，我们党不断推进马克思主义中国化时代化，创立和形成了一个又一个理论创新成果。习近平新时代中国特色社会主义思想，是当代中国马克思主义、二十一世纪马克思主义。理论创新每前进一步，理论武装就要跟进一步。这是我们党的一条重要经验，也是我们党的一个重要政治优势。深刻领悟“两个确立”、坚决做到“两个维护”，就要坚持不懈地用习近平新时代中国特色社会主义思想武装头脑、指导实践、推动工作。而要做到这一点，首先必须读原著、学原文、悟原理，这是基本的前提。

党的十八大以来，经党中央批准，有关部门编辑出版了一系列习近平总书记的著作，为我们进行理论武装提供了最权威的教材。简要梳理近年来出版的习近平总书记的综合文集主要有《习近平谈治国理政》第一卷、第二卷、第三卷、第四卷；专题文集主要有习近平《论坚持党对一切工作的领导》《论坚持人民当家作主》《论坚持全面深化改革》《论坚持全面依法治国》《论把握新发展阶段、贯彻新发展理念、构建新发展格局》《论党的宣传思想工作》《论坚持人与自然和谐共生》《论坚持推动构建人类命运共同体》《论中国共产党历史》《习近平谈"一带一路"》《论"三农工作"》和《习近平书信选集》第一卷,《习近平外交演讲集》第一卷、第二卷等;专题论述摘编主要有《习近平关于全面从严治党论述摘编》《习近平关于实现中华民族伟大复兴的中国梦论述摘编》《习近平关于全面建成小康社会论述摘编》《习近平关于社会主义政治建设论述摘编》《习近平关于社会主义经济建设论述摘编》《习近平关于社会主义文化建设论述摘编》《习近平关于社会主义社会建设论述摘编》《习近平关于社会主义生态文明建设论述摘编》《习近平关于严明党的纪律和规矩论述摘编》《习近平关于坚持和完善党和国家监督体系论述摘编》《习近平关于"三农"工作论述摘编》《习近平扶贫论述摘编》《习近平关于科技创新论述摘编》《习近平关于总体国家安全观论述摘编》《习近平关于网络强国论述摘编》《习近平关于防范风险挑战、应对突发事件论述摘编》《习近平关于尊重和保障人权论述摘编》《习近平关于党的群众路线教育实践活动论述摘编》《习近平关于"不忘初心、牢记使命"论述摘编》《习近平关于注重家庭家教家风建设论述摘编》《习近平关于全面从严治党论述摘编(2021年版)》《习近平关于青少年和共青团工作论述摘编》《习近平关于社会主义精神文明建设论述摘编》《习近平关于依规治党论述摘编》

等，还有《十八大以来重要文献选编》上、中、下，《十九大以来重要文献选编》上、中等。习近平总书记在国际国内重要会议和活动中发表重要讲话后，新华社一般都要发通稿，人民出版社都及时出版单行本。《求是》杂志改版后，每一期都要发表一篇习近平总书记的重要讲话，作为本期的主题内容。这些都是习近平总书记的原著、原文，是我们常读常学的内容，对习近平总书记的有关专题论述，相关部门、相关领域和相关地方的同志更应该深钻细研。

除此之外，结合实际，我们还要学习马克思、恩格斯、列宁的基本著作，学习毛泽东、邓小平、江泽民、胡锦涛同志的著作，学习党的历史文献，学习党史、新中国史、改革开放史、社会主义发展史，学习党的十二大以来党的历次代表大会的报告和历次中央全会的决定决议等。学习这些文献和著作，对我们了解习近平新时代中国特色社会主义思想的理论基础和思想渊源有极大的帮助，会加深理解习近平新时代中国特色社会主义思想的核心要义和精神实质。

为了帮助党员、干部全面深入学习领会习近平新时代中国特色社会主义思想，中央有关部门需要在党中央的统一部署下，继续编写习近平总书记的最新著作作为学习教材，组织广大社科理论工作者深入进行研究，为这一思想提供坚实学理支撑。

### （三）创新学习形式和方法

我们党在推进理论武装的过程中，创造了许多行之有效的学习形式和方法。比如，党委（党组）理论学习中心组学习形式，各级党组织的“三会一课”学习形式，各级党校（行政学院）、干部学院党员、干部脱产学习形式，举办各种培训班、研讨班、讲座学习形式，等等。近年来，结合全党开展的主题教育实践活动，各级党组织探索和创新了许多新的形式和方法，这些形式和方法主要有：开展主题党日活动，组织考察调研，参观瞻仰革命遗址遗迹，参观中国共产党历史展览馆、各地党的历史重大事件和重要人物纪念馆、展览馆，瞻仰各地革命烈士陵园，等等。组织收看中央媒体实况转播的党和国家纪念、庆祝等重大活动，“七一勋章”“共和国勋章”“八一勋章”颁授仪式，烈士纪念日敬献花篮仪式，等等。这些形式和方法都行之有效，要继续坚持，并要在实践中不断完善和发展。同时，结合新的实际和新的情况，要勇于进行大胆探索和创新。

在学习中，我们要发扬马克思主义的优良学风，深入学、持久学、刻苦学，全面系统学、及时跟进学、带着问题学、联系实际学。第一，要自觉主动学。强化学习自觉，增强学习内生动力，利用业余时间刻苦学习。第二，要及时跟进学。习近平总书记发表的最新讲话，党中央作出的新的决策部署、出台新的文件，都要第一时间学习领会。做到学习跟进、认识跟进、行动跟进。第三，要联系实际学。要弘扬理论联系实际的学风，紧密联系思想和工作实际，把研究解决问题作为学习的着眼点，决不能坐而论道。第四，笃信笃行学。要学而信，从渐悟走向顿悟，掌握马克思主义立场、观点、方法，学而行，学以致用，身体力行。

## 二、营造一个氛围：加大舆论宣传

### （一）进行理论阐释

近年来，中央有关部门组织编写的《习近平总书记系列重要讲话读本》《习近平总书记系列重要讲话读本（2016年版）》《习近平新时代中国特色社会主义思想三十讲》《习近平新时代中国特色社会主义思想学习纲要》《习近平新时代中国特色社会主义思想学习问答》《习近平外交思想学习纲要》《习近平法治思想学习纲要》《总体国家安全观学习纲要》《习近平经济思想学习纲要》《习近平生态文明思想学习纲要》《习近平强军思想学习问答》等，在学习宣传习近平新时代中国特色社会主义思想中发挥了重要作用。党的理论工作者和社会科学工作者编写的《习近平用典》《习近平讲故事》《新中国发展面对面》《中国制度面对面》《新征程面对面》《百年大党面对面》等图书出版发行后也受到广大读者的好评。从中央到地方的党报、电视、广播、网络都开辟了理论学习专版、专栏、专题，刊发理论热点面对面、学习问答，制作电视政论片、电视文献片，有效地传播和普及了党的创新理论。中央有关部门和地方成立了习近平新时代中国特色社会主义思想研究中心，举办了系列理论研讨会、座谈会、报告会和高端论坛，统筹网上网下，推出了一大批重头理论文章。加强和改进学校思想政治课教育教学，推动了习近平新时代中国特色社会主义思想进教材、进课堂、进头脑。随着时代的前进、实践的发展，习近平新时代中国特色社会主义思想也必然会进一步丰富发展。对这一思想的丰富发展，理论阐释和宣传必须及时跟进、加快速度、加大力度。

### （二）搞好新闻和社会宣传

要宣传报道好中国共产党成立、中华人民共和国成立、党的十一届三中全会召开、中国人民抗日战争暨世界反法西斯战争胜利、中国人民解放军建军、中国人民志愿军出国作战、古田会议召开、遵义会议召开等逢十逢五或逢年纪念日、庆祝日以及开展的各项活动。宣传报道好已故党和国家领导人毛泽东、周恩来、刘少奇、朱德、邓小平、陈云同志等老一辈革命家和革命先驱李大钊等同志的诞辰纪念活动。组织新闻媒体围绕重大宣传主题，开展大型专题采访报道活动。在各党报开辟理论学习专版，围绕重要专题进行学习讨论。组织开展群众性主题宣传教育活动，利用革命旧址、革命纪念馆、烈士陵园等红色资源，组织开展新党员入党宣誓活动、党员重温入党誓词活动。组织党员领导干部、优秀共产党员、优秀党务工作者、老党员等讲党课。在各级电视台等新闻媒体和党员教育平台开设专题专栏，集中展播一批精品党课。广泛组织开展理论学习专题宣讲活动，邀请理论工作者、实际工作者、重要历史事件的亲历者和见证者到基层开展巡回宣讲。开展红色题材影视剧展演展播。

组织新媒体利用微电影、微视频等开展历史和理论的专题制作和宣传。组织大中小学生开展专题党团队活动。有计划地组织党员、干部、群众就近开展国情调研和实地考察。这些新闻宣传的方式、方法、手段、途径等都是行之有效的，要持之以恒地坚持下去。

在社会宣传中，要继续善于利用生动活泼、形式多样的文艺形式，利用群众喜闻乐见的书法、美术、音乐、舞蹈、戏剧、摄影等多种载体，让理论“飞入寻常百姓家”，让党的创新理论在党员、干部、群众中入心入脑，生根开花。

### （三）善于激浊扬清

要坚决反对历史虚无主义。历史虚无主义的实质是否定党的领导，否定我国社会主义制度。历史虚无主义形形色色，打着各种各样的旗号，善于使用“偷换概念”“移花接木”“断章取义”的手法，善于借用“当事人”的身份和口吻，善于利用所谓“史料新发现”“学术新发明”，极尽造谣、歪曲、污蔑之能事，制造思想混乱。散布历史虚无主义的人，主要是国内外敌对势力。但对不了解历史、不明真相的一些群众有很大的欺骗性。要加强对网络和新媒体的管理，坚决删除和封堵有害信息。要加大正面新闻宣传的引导力度，要坚持网上来、网上去，廓清是非，激浊扬清，更好正本清源、固本培元。还要防范和抵制有些地方出现的“低级红”“高级黑”现象，警惕别有用心的人用这种手段达到抹黑党、抹黑党的领袖的险恶目的。

## 三、形成一个常态：严肃执纪问责

### （一）明确主体责任和监督责任

《关于新形势下党内政治生活的若干准则》规定，对否定党的领导、否定我国社会主义制度、否定改革开放的言行，对歪曲、丑化、否定中国特色社会主义的言行，对歪曲、丑化、否定党的历史、中华人民共和国历史、人民军队历史的言行，对歪曲、丑化、否定党的领袖和英雄模范的言行，对一切违背、歪曲、否定党的基本路线的言行，必须旗帜鲜明反对和抵制。党员、干部特别是高级干部在大是大非面前不能态度暧昧，不能动摇基本政治立场，不能被错误言行所左右。当人民利益受到损害、党和国家形象受到破坏、党的执政地位受到威胁时，要挺身而出、亮明态度，主动坚决开展斗争。

全党必须牢固树立“四个意识”，自觉在思想上政治上行动上同以习近平同志为核心的党中央保持高度一致。全体党员特别是高级干部都要向党中央看齐，向党的理论和路线方针政策看齐，向党中央决策部署看齐，做到党中央提倡的坚决响应，党中央决定的坚决执行，党中央禁止的坚决不做。涉及全党全国性的重大方针政策问题，只有党中央有权作出决定和解释。各部门各地方党组织和党员领导干部可以向党中央提出建议，但不得擅自作出决定和对外发表主张。全党必须严格执行重大问题请示报告制度。对党中央决策部署，任何党组织和任何党员都不准合意的执行、不合意的不执行，不准先斩后奏，更不准口是心非、阳奉阴违。属于部门和地方职权范围内的工作部署，要以贯彻党中央决策部署为前提，发挥积极性、主动性、创造性，但不允许自行其是、各自为政，决不允许有令不行、有禁不止，决不允许搞上有政策、下有对策。

要坚决反对破坏党的集中统一领导的言行。无条件贯彻执行以习近平同志为核心的党中央的决策部署，决不能打折扣、做选择、搞变通。对重大原则问题和大是大非问题，必须立场坚定、态度坚决。要坚决与影响党的团结统一的现象作斗争。坚持讲党性、讲原则，发扬斗争精神，敢于斗争，善于斗争。当战士，决不当“爱惜羽毛”的“绅士”。坚决与“两面人”“两面派”作斗争。以更主动的担当作为，坚决消除影响国家政治安全的风险隐患，坚决捍卫来之不易的中国特色社会主义，确保政权安全、制度安全、意识形态安全。

各级党组织对职责范围内的全面从严治党负有主体责任，主要领导是第一责任人。各级党的纪检监察组织对职责范围内的全面从严治党负有监督责任，其他的党的组织的有关部门负有协同责任。要各负其责、各司其职，履行好各自的职责，高效协同，上下一致，相互配合，做好工作。

### （二）发挥巡视巡察利剑作用

为了落实全面从严治党要求，严肃党内政治生活，净化党内政治生态，加强党内监督，规范巡视巡察工作，根据党章，我们党制定了巡视条例。党的中央和省（区、市）委员会实行巡视制度，党的市和县一级委员会建立巡察制度，上下贯通。巡视突出了政治巡视的内容，强调要着力发现党的领导弱化、党的建设缺失、全面从严治党不力，党的观念淡漠、组织涣散、纪律松弛，管党治党宽松软问题，尤其是违反政治纪律和政治规矩，存在违背党的路线方针政策的言行，有令不行、有禁不止，阳奉阴违、结党营私、团团伙伙、拉帮结派，以及落实意识形态工作责任制不到位等问题。巡视巡察工作在每一届党委会期间全覆盖，发挥巡视巡察利剑作用，发现问题，形成震慑，促进反思，举一反三，制定方案，及时整改。

严明党的政治纪律。坚持纪律面前一律平等，遵守纪律没有特权，执行纪律没有例外，党内外决不允许存在不受纪律约束的特殊组织和特殊党员。党的各级组织和全体党员要坚决同一切违反党的纪律的行为作斗争。政治纪律是党最根本、最重要的纪律，遵守党的政治纪律是遵守党的全部纪律的基础。全党特别是高级干部必须严格遵守党的政治纪律和政治规矩。党员不准散布违背党的理论和路线方针政策的言论，不准公开发表违背党中央决定的言论，不准泄露党和国家秘密，不准参与非法组织和非法活动，不准制造、传播政治谣言及丑化党和国家形象的言论。

### （三）开展批评和自我批评

批评和自我批评是我们党长期形成的、具有独特优势的、党的优良作风之一。通过开展积极的党内思想斗争，经常咬耳朵、扯袖子，红红脸、出出汗，错误思想和不良行为就没有市场，就没有藏身之地。习近平总书记指出，“批评和自我批评是清除党内政治灰尘和政治微生物的有力武器”。要开好一年一度的民主生活会、组织生活会，发现问题，及时解决。对平时发现的违反政治纪律和政治规矩的人和事，要及时开好解决问题的专题民主生活会或组织生活会。

## 四、奠定一个基础：严格制度执行

### （一）贯彻落实好党的政治建设的各项法规

要以《中国共产党章程》为根本，贯彻落实好党中央在党的政治建设上制定和印发的一系列党内法规。这些党内法规主要有《关于新形势下党内政治生活的若干准则》《中共中央关于加强党的政治建设的意见》《中共中央政治局关于加强和维护党中央集中统一领导的若干规定》《中国共产党重大事项请示报告条例》《中国共产党党内监督条例》《中国共产党纪律处分条例》《中国共产党党组工作条例》《中国共产党政法工作条例》《中国共产党宣传工作条例》《中国共产党统一战线工作条例》《中国共产党领导国家安全工作条例》《中国共产党军队党的建设条例》等，以这些党内法规作为政治建设执纪的基本遵循和依据，作为党员和领导干部对表对标的标准和行为准则。

### （二）完善细化好党的政治建设的各项具体规定

将党中央的各项法律法规和有关规定，结合各自的实际，深化、细化、具体化。及时制定切合各自实际的、具有可操作性的实施意见和工作方案。意见和方案不能照抄照搬，不能上下一般粗，不能“一刀切”“一船拖”“一锅煮”，不能只提一般化的要求，大而化之。不能会开了，文件发了，就等于将中央的精神贯彻落实了。要认真学习领会中央精神，深刻领会“国之大者”，提高政治判断力、政治领悟力、政治执行力，调查研究，掌握实情，创造性地开展工作。

### （三）建立起贯彻落实的规范工作流程

要明确工作流程和时间节点，工作到人、任务到人、责任到人。建立工作台账，明晰具体内容。比如，对学习贯彻习近平总书记的重要讲话、重要指示批示等，要建立第一时间、以第一议题进行学习传达的制度。而且要分层级，根据不同的对象，采取不同的方式和形式，有针对性地提出不同的要求。要建立工作台账，及时将贯彻落实情况向上级组织报告。

## 五、做好一个示范：发挥“头雁”效应

### （一）发挥广大党员的先锋模范作用

中国共产党是由无产阶级先进分子所组成，共产党人是用“特殊材料”制成的人，共产党决无私利可图，党员在人民群众中要发挥先锋模范作用。党员要走在前、干在先，必须铸就对

党和人民的忠诚品质。天下至德，莫大于忠。对党忠诚是共产党人崇高的政治品质。忠诚核心是中国共产党的优良传统和独特优势，是中国共产党百年奋斗历史经验的科学总结和深刻昭示。维护核心是最紧要的政治，忠诚于党是最可贵的品格。政治上绝对忠诚，首先是理想信念的坚定。坚定的理想信念是中国共产党人的精神支柱和政治灵魂，失去了理想信念就失去了灵魂，就会迷失方向，就会出这样或那样的问题，就谈不上忠诚。政治上绝对忠诚，要害在“绝对”二字。绝对忠诚就是唯一的、彻底的、无条件的、不掺任何杂质的、没有任何水分的忠诚。这种忠诚不在于喊了多少口号，而在于有多少实际行动。每名党员在入党时，在党旗下都作过庄严的宣誓，入党誓词中有一句话就是“对党忠诚”。所以，每一名共产党员必须在思想上政治上行动上始终同以习近平同志为核心的党中央保持高度一致，始终牢记自己的第一身份是共产党员、第一职责是为党工作。把“两个确立”自觉转化为“两个维护”，把“两个维护”深刻内化为政治信条，体现为政治担当，做到政治上绝对可靠、对党绝对忠诚，在思想上高度信赖核心、感情上衷心爱戴核心、政治上坚决维护核心、组织上自觉服从核心、行动上始终紧跟核心，充分发挥共产党员的先锋模范作用。

在基层要注意打通“最后一公里”，要着力解决理论武装、理论学习上热、中温、下凉的问题。只有解决好这个问题，基层党组织战斗堡垒作用和广大党员的先锋模范作用才能得以充分发挥，使“两个维护”纵向到底、横向到边，在广大基层组织中打下广泛而坚实的基础，将感性认识转化为理性认识，将情感认同转化为思想认同、政治认同，从而凝聚起磅礴的力量。

### （二）中央和国家机关要走好“第一方阵”

中央和国家机关是党和国家设立的机构，代表着党和国家的形象，其宗旨和职责都是为人民服务。这就产生了政治，这就决定了它们的性质首先不是做具体工作的业务机关，而是政治机关。不管它们从事的业务和职责分工有多么不同，但所做的大事小事，都连着党的理论路线方针政策，都涉及党和国家机关的作风和形象，都关乎广大人民群众的切身利益。在这里没有脱离政治的单纯业务，也没有脱离业务的抽象政治，都必须旗帜鲜明讲政治，把政治建设摆在首位。进一步说，在党的组织体系中，中央和国家机关是处在组织结构的“第一方阵”，离党中央最近，服务党中央最直接，对机关党建乃至其他领域党建具有风向标作用。在国家治理体系中，中央和国家机关处在“最先一公里”和“第一棒”的位置。如果“第一方阵”出问题，危害会很大，属心腹之患而非皮癣之忧。如果“最先一公里”落空、“第一棒”掉链子，往后和向下的一切都会变形走样，甚至会变质变味。在深刻领悟“两个确立”、坚决做到

“两个维护”上，中央和国家机关必须走在前、作表率。

### （三）各级领导干部要起到示范带头作用

领导干部要在增强“四个意识”、坚定“四个自信”、做到“两个维护”上起示范带头作用。“四个意识”“四个自信”“两个维护”是党的十八大以来我们党取得的重大理论成果、政治成果、制度成果和宝贵经验，是全党在革命性锻造中形成的共同意志，是党内最重要的政治纪律和政治规矩。增强“四个意识”，就是增强政治意识、大局意识、核心意识、看齐意识。坚定“四个自信”，就是坚定道路自信、理论自信、制度自信、文化自信。增强“四个意识”、坚定“四个自信”，归根到底，要落实到做到“两个维护”上来。“四个意识”“四个自信”“两个维护”是高度统一的，“两个确立”“两个维护”也是高度统一的。“两个确立”是“两个维护”的政治前提和思想基础，“两个维护”是“两个确立”的政治责任和实践要求。我们要把深刻领悟“两个确立”转化为坚决做到“两个维护”的政治自觉、思想自觉、行动自觉。“两个维护”有明确的内涵和要求，这就是维护习近平总书记党中央的核心、全党的核心地位，对象是习近平总书记而不是其他任何人；维护党中央权威和集中统一领导，对象是党中央而不是其他任何组织。党中央的权威决定各级党组织的权威，各级党组织的权威来自党中央的权威，“两个维护”既不能层层套用，也不能随意延伸。“两个维护”在本质上是一体的，维护习近平总书记核心地位，就是维护党中央权威和集中统一领导；维护党中央权威和集中统一领导，首先要维护习近平总书记核心地位。“两个维护”是新时代对民主集中制的创造性运用，同以人民为中心是统一的，是坚持和加强党的全面领导、践行党的宗旨、践行党的初心使命的根本保证。坚决做到“两个维护”既要有鲜明的态度，更要有扎实的行动。全党只能向党中央看齐、向习近平总书记看齐，决不允许在地方部门单位打着维护党中央权威的旗号损害党的民主集中制，使“两个维护”变形走样。每一名党员干部都必须牢记，不论做什么工作、在哪个岗位、在哪个部门、在哪个领域，也不论资格多老、级别多高，都是党员，都是党的干部，都是组织的人，重要提法都要同党中央对标对表。要精准对标对表，及时校准偏差，统一思想、统一步调、统一行动。领导干部作为党的中坚骨干力量，要带头把深刻领悟“两个确立”、坚决做到“两个维护”，贯彻落实到履职尽责各方面、全过程，严守政治纪律和政治规矩，确保政治上清醒坚定、行动上担当作为。自觉提高政治能力、强化政治担当，把贯彻落实习近平总书记重要讲话、重要指示批示精神作为重大政治任务和政治责任抓紧抓好。

# 深刻理解中国式现代化的科学内涵*

习近平总书记在党的二十大报告中全面系统深入地阐述了中国式现代化的科学内涵，即中国式现代化的中国特色、本质要求和重大原则。这是对党的现代化理论的一个重大丰富和发展，是党的二十大报告的一个重大亮点，也是一个重大创新点。认真学习、深刻理解、准确把握这一重大论断，对于动员全党全国各族人民在新时代新征程夺取中国特色社会主义新胜利，全面建设社会主义现代化国家、全面推进中华民族伟大复兴，具有重大的现实意义和深远的历史意义。

## 一、深刻理解中国式现代化的中国特色

习近平总书记在党的二十大报告中指出："从现在起，中国共产党的中心任务就是团结带领全国各族人民全面建成社会主

---

* 本文发表于《学习时报》2022 年 11 月 4 日。

义现代化强国、实现第二个百年奋斗目标，以中国式现代化全面推进中华民族伟大复兴。”全面建设社会主义现代化国家、全面推进中华民族伟大复兴，是新时代新征程中国共产党的使命任务。那么，以什么样的途径、方式、手段实现奋斗目标、完成使命任务呢？这就是中国式现代化。

中国式现代化是我们党团结带领全国各族人民开创和形成的。我们党的初心和使命，是为中国人民谋幸福、为中华民族谋复兴。党成立100多年来所进行的一切奋斗，目的就是把我国建设成为社会主义现代化强国、实现中华民族伟大复兴。在这个过程中，我们党对建设社会主义现代化国家在认识上不断深入、在战略上不断成熟、在实践上不断丰富，走出了一条中国式现代化的新道路。在社会主义革命和建设时期，我们党提出努力把我国逐步建设成为一个具有现代农业、现代工业、现代国防和现代科学技术的社会主义强国目标。改革开放和社会主义现代化建设新时期，我们党提出“中国式的现代化”论断，制定了到21世纪中叶分三步走、基本实现社会主义现代化的发展战略。我们党扭住确定的发展战略和奋斗目标，一茬接着一茬干，一棒接着一棒跑，社会主义现代化建设取得巨大成绩。在新中国成立特别是改革开放以来长期探索和实践基础上，经过党的十八大以来在理论和实践上的创新突破，我们党成功推进和拓展了中国式现代化。

中国式现代化创造了人类文明新形态。世界上既不存在定于一尊的现代化模式，也不存在放之四海而皆准的现代化标准。中国式现代化是中国共产党领导的社会主义现代化，既有各国现代化的共同特征，更有基于自己国情的中国特色。

中国式现代化具有5个方面的中国特色。第一，中国式现代化是人口规模巨大的现代化。我国14亿多人口整体迈进现代化社会，其规模超过现有发达国家人口的总和，将彻底改写现代化的世界版图，在人类历史上是一件有深远影响的大事。中国式现代化其艰巨性和复杂性前所未有，发展途径和推进方式也必然具有自己的特点。第二，中国式现代化是全体人民共同富裕的现代化。共同富裕是中国特色社会主义的本质要求，也是一个长期的历史过程。中国式现代化坚持以人民为中心的发展思想，自觉主动解决地区差距、城乡差距、收入分配差距，促进社会公平正义，逐步实现全体人民共同富裕，坚决防止两极分化。第三，中国式现代化是物质文明和精神文明相协调的现代化。物质富足、精神富有是社会主义现代化的根本要求。物质贫困不是社会主义，精神贫乏也不是社会主义。我们说的共同富裕是全体人民共同富裕，是人民群众物质生活和精神生活都富裕，不是少数人的富裕，也不是整齐划一的平均主义。中国式现代化坚持社会主义核心价值观，加强理想信念教育，弘扬中华优秀传统文化，增强人民精神力量，促进物的全面丰富和人的全面发展。第四，中国式现代化是人与自然和谐共生的现代化。人与自然是生命共同体。我们坚持可持续发展，坚持节约优先、保护优先、自然恢复为主的方针，像保护眼睛一样保护自然和生态环境，坚定不移走生产发展、生活富裕、生态良好的文明发展道路，实现中华民族永续发展。第五，中国式现代化是走和平发展道路的现代化。我国不走一些国家通过战争、殖民、掠夺等方式实现现代化的老路，那种损人利己、充满血腥罪恶的老路给广大发展中国家人民带来深重苦难。我们坚定站在历史正确的一边、站在人类文明进步的一边，高举和平、发展、合作、共赢旗帜，在坚定维护世界和平与发展中谋求自身发展，又以自身发展更好维护世界和平与发展。

中国式现代化既切合中国实际，体现了社会主义建设规律，也体现了人类社会发展规律。中国式现代化破解了人类社会发展的诸多难题，摒弃了西方以资本为中心的现代化、两极分化的现代化、物质主义膨胀的现代化、对外扩张掠夺的现代化老路，拓展了发展中国家走向现代化的途径，为人类对更好社会制度的探索提供了中国智慧和中国方案。

## 二、深刻理解中国式现代化的本质要求

中国式现代化具有自己的本质要求。这个本质要求有 9 个

方面，这就是：坚持中国共产党领导，坚持中国特色社会主义，实现高质量发展，发展全过程人民民主，丰富人民精神世界，实现全体人民共同富裕，促进人与自然和谐共生，推动构建人类命运共同体，创造人类文明新形态。

坚持中国共产党领导是对中国式现代化领导力量的本质要求，这是最根本、最重要的一条，彰显领导优势，起政治保证作用。习近平总书记明确指出，“中国特色社会主义最本质的特征是中国共产党领导，中国特色社会主义制度的最大优势是中国共产党领导，中国共产党是最高政治领导力量”。坚持中国特色社会主义是对中国式现代化社会制度的本质要求，彰显制度优势，起方向引领作用。实现高质量发展是对中国式现代化经济建设的本质要求。发展全过程人民民主是对中国式现代化政治建设的本质要求。丰富人民精神世界是对中国式现代化文化建设的本质要求。实现全体人民共同富裕是对中国式现代化社会建设的本质要求。促进人与自然和谐共生是对中国式现代化生态文明建设的本质要求。推动构建人类命运共同体是中国式现代化对外交往的本质要求。创造人类文明新形态是中国式现代化对文明形态的本质要求。

中国式现代化就其内涵而言是新的，不是旧的，是基于中国的国情自己走出来、探索出来的，而不是模仿别人、照抄外国、照搬西方的。中国式现代化的本质要求是，领导力量 + 社

会制度 +“五位一体”总体布局的五大建设 + 对外交往 + 文明形态，是对我国社会主义现代化建设长期探索和实践的科学总结，是党的现代化理论系统集成的重大创新，是对世界现代化理论的重大丰富和发展。

中国式现代化的目标是全面建成社会主义现代化强国。党的十九大对全面建成社会主义现代化强国作出了战略部署，总的战略安排是分两步走：从 2020 年到 2035 年基本实现社会主义现代化；从 2035 年到本世纪中叶把我国建成富强民主文明和谐美丽的社会主义现代化强国。党的二十大对全面建成社会主义现代化强国两步走战略安排进行宏观展望，重点部署未来五年的战略任务和重大举措。未来五年是全面建设社会主义现代化国家开局起步的关键时期。党的二十大确定的主要目标任务是：经济高质量发展取得新突破，科技自立自强能力显著提升，构建新发展格局和建设现代化经济体系取得重大进展；改革开放迈出新步伐，国家治理体系和治理能力现代化深入推进，社会主义市场经济体制更加完善，更高水平开放型经济新体制基本形成；全过程人民民主制度化、规范化、程序化水平进一步提高，中国特色社会主义法治体系更加完善；人民精神文化生活更加丰富，中华民族凝聚力和中华文化影响力不断增强；居民收入增长和经济增长基本同步，劳动报酬提高与劳动生产率提高基本同步，基本公共服务均等化水平明显提升，多层次社会保障体系更加健全；城乡人居环境明显改善，美丽中国建设成效显著；国家安全更为巩固，建军一百年奋斗目标如期实现，平安中国建设扎实推进；中国国际地位和影响进一步提高，在全球治理中发挥更大作用。搞好未来五年的发展对于实现第二个百年奋斗目标至关重要。未来五年，要紧紧抓住解决不平衡不充分的发展问题，着力在补短板、强弱项、固底板、扬优势上下功夫。

## 三、深刻理解中国式现代化的重大原则

全面建设社会主义现代化国家任重而道远。当前，世界百年未有之大变局加速演进，新一轮科技革命和产业变革深入发展，国际力量对比深刻调整，我国发展面临新的战略机遇。同时，世纪疫情影响深远，逆全球化思潮抬头，单边主义、保护主义明显上升，世界经济复苏乏力，局部冲突和动荡频发，全球性问题加剧，世界进入新的动荡变革期。我国改革发展稳定面临不少深层次矛盾躲不开、绕不过，党的建设特别是党风廉政建设和反腐败斗争面临不少顽固性、多发性问题，来自外部的打压遏制随时可能升级。我国发展进入战略机遇和风险挑战并存、不确定难预料因素增多的时期，各种“黑天鹅”“灰犀牛”事件随时可能发生。我们必须增强忧患意识，坚持底线思

维，做到居安思危、未雨绸缪，准备经受风高浪急甚至惊涛骇浪的重大考验。

在前进的道路上，推进中国式现代化，总结历史和现实经验，遵循客观发展规律，我们必须牢牢把握5个重大原则：一是坚持和加强党的全面领导，二是坚持中国特色社会主义道路，三是坚持以人民为中心的发展思想，四是坚持深化改革开放，五是坚持发扬斗争精神。

坚持和加强党的全面领导强调的是领导力量问题。我们要坚决维护党中央权威和集中统一领导，把党的领导落实到党和国家事业各领域各方面各环节，使党始终成为风雨来袭时全体人民最可靠的主心骨，确保我国社会主义现代化建设正确方向，确保拥有团结奋斗的强大政治凝聚力、发展自信心，集聚起万众一心、共克时艰的磅礴力量。

坚持中国特色社会主义道路强调的是前进方向问题。我们要坚持以经济建设为中心，坚持四项基本原则，坚持改革开放，坚持独立自主、自力更生，坚持道不变、志不改，既不走封闭僵化的老路，也不走改旗易帜的邪路，坚持把国家和民族发展放在自己力量的基点上，坚持把中国发展进步的命运牢牢掌握在自己手中。

坚持以人民为中心的发展思想强调的是发展目的问题。我们要维护人民根本利益，增进民生福祉，不断实现发展为了人民、发展依靠人民、发展成果由人民共享，让现代化建设成果更多更公平惠及全体人民。

坚持深化改革开放强调的是发展动力问题。我们要深入推进改革创新，坚定不移扩大开放，着力破解深层次体制机制障碍，不断彰显中国特色社会主义制度优势，不断增强社会主义现代化建设的动力和活力，把我国制度优势更好转化为国家治理效能。

坚持发扬斗争精神强调的是方式手段问题。我们要增强全党全国各族人民的志气、骨气、底气，不信邪、不怕鬼、不怕压，知难而进、迎难而上，统筹发展和安全，全力战胜前进道路上各种困难和挑战，依靠顽强斗争打开事业发展新天地。

总之，党的二十大报告关于中国式现代化的中国特色、本质要求和重大原则的重要论述，充满自信自立自强的理论气度，把我们党对现代化建设规律的认识提升到一个新的高度。中国式现代化扎根中国大地、传承中华文明、切合中国实际、独具中国特色，集中体现我们党的宗旨使命，深刻反映社会主义本质，打破了现代化就是西方化的迷思，为人类实现现代化提供了全新选择。历史和现实雄辩地证明，中国式现代化道路不仅走得对、走得通，而且一定能走得好、走得远，不仅是一条发展中国自身、实现中华民族伟大复兴的光明大道，更是一条造福世界各国、书写人类社会发展新篇章的人间正道。我们要更加紧密地团结在以习近平同志为核心的党中央周围，深刻领悟“两个确立”的决定性意义，增强“四个意识”、坚定“四个自信”、做到“两个维护”，紧紧扭住新时代新征程党的中心任务，集中精力、心无旁骛，排除一切干扰，风雨无阻向前行，以更加强烈的历史主动精神继续推进和拓展中国式现代化，不断夺取全面建设社会主义现代化国家新胜利。

# 新时代全面深化改革的重大成就*

党的十八大以来，中国特色社会主义进入新时代。新时代全面深化改革，既是改革开放和社会主义现代化建设新时期改革的继续，又是改革在新时代的重新开启。党的二十届三中全会审议通过的《中共中央关于进一步全面深化改革、推进中国式现代化的决定》指出："党的十一届三中全会是划时代的，开启了改革开放和社会主义现代化建设新时期。党的十八届三中全会也是划时代的，开启了新时代全面深化改革、系统整体设计推进改革新征程，开创了我国改革开放全新局面。"正确认识和科学把握新时代全面深化改革的重大成就，对于全党全国人民深入学习贯彻党的二十届三中全会精神，统一思想、提高认识，坚定信心、鼓舞斗志，具有重要意义。

党的十八大在确定全面建成小康社会宏伟目标的同时，明确提出了全面深化改革的战略任务。党的十八届三中全会正式

---

* 本文发表于《求是》2024 年第 15 期。

拉开了新时代全面深化改革的大幕，对改革作出全面战略部署，确定了全面深化改革的总目标、战略重点、优先顺序、主攻方向、工作机制、推进方式和时间表、路线图。改革总目标之明确、内容之全面系统、力度之大、影响之广泛前所未有。

习近平总书记亲自谋划、亲自领导改革工作，主持召开 72 次中央全面深化改革委员会（领导小组）会议，统一思想认识、进行工作部署、审议重大改革方案、分析改革形势、推动改革落实，为全面深化改革提供了坚强有力的领导保障。在党中央坚强领导下，经过全党全军全国各族人民共同努力，党的十八届三中全会确定的改革任务总体完成。新时代全面深化改革砥砺前行、攻坚克难，解决了许多长期想解决而没有解决的难题，办成了许多过去想办而没有办成的大事。新时代全面深化改革是全方位、深层次、根本性的，取得的成就是历史性、革命性、开创性的。

新时代全面深化改革在经济建设领域取得重大成就。新时代经济体制改革，紧紧围绕使市场在资源配置中起决定性作用、更好发挥政府作用深化改革，坚持和完善基本经济制度，加快完善现代市场体系、宏观调控体系、开放型经济体系，加快转变经济发展方式，加快建设创新型国家，推动经济更高质量、更有效率、更加公平、更可持续、更为安全发展。我们毫不动摇巩固和发展公有制经济，推动国有经济布局优化和结构调整；

毫不动摇鼓励、支持、引导非公有制经济发展，构建亲清政商关系。坚持按劳分配为主体、多种分配方式并存，完善按要素分配的体制机制，中等收入群体规模不断扩大。加快完善社会主义市场经济体制，产权保护、公平竞争等基础制度不断改进，信用体系建设稳步推进，市场化法治化国际化营商环境日臻完善。市场准入负面清单制度全面实施，反垄断和防止资本无序扩张不断强化，高标准市场体系建设稳步推进，全国统一大市场规模效应持续显现。经济体制改革有力推动我国经济高质量发展。2012—2023 年，我国经济增速在世界主要经济体中位居前列，是世界经济增长的最大贡献国；国内生产总值从 51.9 万亿元增至 126.1 万亿元；科技自立自强成果持续涌现，新技术新业态新模式蓬勃发展，城乡融合发展体制机制不断健全；京津冀协同发展、长江经济带发展、粤港澳大湾区建设、长三角一体化发展、黄河流域生态保护和高质量发展等区域重大战略和区域协调发展战略深入推进。经济体制改革进一步激发市场活力。截至 2023 年年底，各类经营主体数量超过 1.84 亿户，其中个体工商户突破 1.24 亿户，发展活力竞相迸发、充分涌流。实施更加积极主动的开放战略，高水平开放型经济新体制加快形成。共建“一带一路”深入人心、成果丰硕，中欧班列持续发挥国际铁路联运独特优势。外商投资准入前国民待遇加负面清单管理制度全面实行，面向全球的贸易、投融资、生产、服务网络加快构建，规则、规制、管理、标准等制度型开放加快推进，22个自由贸易试验区和海南自由贸易港建设蓬勃展开。目前，我国已成为世界货物贸易第一大国、服务贸易第二大国、使用外资第二大国、对外投资第一大国，是近200个经济体的主要贸易伙伴，全方位、多层次、宽领域的全面开放新格局加速形成。通过新时代全面深化改革，我国经济发展平衡性、协调性、可持续性明显增强，国家经济实力、科技实力、综合国力跃上新台阶。

新时代全面深化改革在政治建设领域取得重大成就。新时代政治体制改革，紧紧围绕坚持党的领导、人民当家作主、依法治国有机统一深化改革，加快推进社会主义民主政治制度化、规范化、程序化，发展更加广泛、更加充分、更加健全的人民民主。我们加强和维护党中央权威和集中统一领导，积极发展全过程人民民主，健全全面、广泛、有机衔接的人民当家作主制度体系，构建多样、畅通、有序的民主渠道，丰富民主形式，从各层次各领域扩大人民有序政治参与，使各方面制度和国家治理更好体现人民意志、保障人民权益、激发人民创造，坚持中国特色社会主义法治道路，推动社会主义民主政治稳步发展。通过新时代全面深化改革，中国特色社会主义政治制度优越性得到更好发挥，生动活泼、安定团结的政治局面得到巩固和发展。中国特色社会主义法治体系不断健全，法治中国建设迈出坚实步伐，法治固根本、稳预期、利长远的保障作用进一步发挥，党运用法治方式领导和治理国家的能力显著增强。

新时代全面深化改革在文化建设领域取得重大成就。新时代文化体制改革，紧紧围绕建设社会主义核心价值体系、社会主义文化强国深化改革，加快完善文化管理体制和文化生产经营机制，建立健全现代公共文化服务体系、现代文化市场体系，推动社会主义文化大发展大繁荣。我们确立和坚持马克思主义在意识形态领域指导地位的根本制度，健全意识形态工作责任制，推动全党动手抓宣传思想工作。推动用党的创新理论武装全党、教育人民、指导实践。高度重视传播手段建设和创新，推动媒体融合发展，健全互联网领导和管理体制，坚持依法管网治网。坚持以社会主义核心价值观引领文化建设，广泛开展中国特色社会主义和中国梦宣传教育，推动理想信念教育常态化制度化，完善思想政治工作体系。推进文化事业和文化产业全面发展，完善公共文化服务体系，加大文化遗产保护力度，加快国际传播能力建设。通过新时代全面深化改革，我国意识形态领域形势发生全局性、根本性转变，全党全国各族人民文化自信明显增强，全社会凝聚力和向心力极大提升，为新时代开创党和国家事业新局面提供了坚强思想保证和强大精神力量。

新时代全面深化改革在社会建设领域取得重大成就。新时代社会体制改革，紧紧围绕更好保障和改善民生、促进社会公平正义深化改革，改革收入分配制度，促进共同富裕，推进社会领域制度创新，推进基本公共服务均等化，加快形成科学有效的社会治理体制，确保社会既充满活力又和谐有序。我们打赢脱贫攻坚战，历史性地解决了绝对贫困问题，全面建成小康社会目标如期实现。在收入分配、就业、教育、社会保障、养老托育、医疗卫生、住房保障等领域推出一系列重大改革举措，在幼有所育、学有所教、劳有所得、病有所医、老有所养、住有所居、弱有所扶上取得长足进展，建成世界上规模最大的社会保障体系。我们完善社会治理体系，健全党组织领导的自治、法治、德治相结合的城乡基层治理体系，建设共建共治共享的社会治理制度。通过新时代全面深化改革，我国社会建设全面加强，人民生活全方位改善，社会治理社会化、法治化、智能化、专业化水平大幅度提升，发展了人民安居乐业、社会安定有序的良好局面，续写了社会长期稳定奇迹。

新时代全面深化改革在生态文明建设领域取得重大成就。新时代生态文明体制改革，紧紧围绕建设美丽中国深化改革，加快建设生态文明制度，健全国土空间开发、资源节约利用、生态环境保护的体制机制，推动形成人与自然和谐发展现代化建设新格局。我们深入贯彻绿水青山就是金山银山的理念，完善大气、水、土壤污染防治机制，着力打赢污染防治攻坚战，统筹推进山水林田湖草沙一体化保护和系统治理，环境质量总体改善。我们建立源头严防、过程严管、损害赔偿、后果严惩等生态文明基础性框架，加大生态系统保护和修复力度，推动形成节约资源和保护环境的空间格局、产业结构、生产方式、生活方式。建立实施中央生态环境保护督察制度。积极参与全球环境与气候治理，作出力争2030年前实现碳达峰、2060年前实现碳中和的庄严承诺，体现了负责任大国的担当。通过新时代全面深化改革，美丽中国建设迈出重大步伐，全党全国推动绿色发展的自觉性和主动性显著增强，我国生态环境保护发生历史性、转折性、全局性变化。

新时代全面深化改革在国家安全建设领域取得重大成就。新时代国家安全领域改革，紧紧围绕推进国家安全体系和能力建设深化改革。我们坚持总体国家安全观，设立中央国家安全委员会，完善集中统一、高效权威的国家安全领导体制，完善国家安全法治体系、战略体系和政策体系，建立国家安全工作协调机制和应急管理机制。党把安全发展贯穿国家发展各领域全过程，严密防范和严厉打击敌对势力渗透、破坏、颠覆、分裂活动，顶住和反击外部极端打压遏制，开展涉港、涉台、涉疆、涉藏、涉海等斗争，有效维护国家安全。通过新时代全面深化改革，国家安全得到全面加强，经受住了来自政治、经济、意识形态、自然界等方面的风险挑战考验，为党和国家兴旺发达、长治久安提供了有力保证。

新时代全面深化改革在国防和军队建设领域取得重大成就。新时代国防和军队改革，紧紧围绕建设同我国国际地位相称、同国家安全和发展利益相适应的巩固国防和强大人民军队深化改革，坚持新时代军事战略方针，落实新时代强军目标。我们毫不动摇坚持党对人民军队绝对领导的根本原则和制度，坚持人民军队最高领导权和指挥权属于党中央和中央军委，全面深入贯彻落实军委主席负责制。重构人民军队领导指挥体制、现代军事力量体系、军事政策制度，形成军委管总、战区主战、军种主建新格局。通过新时代全面深化改革，人民军队实现整体性革命性重塑，重整行装再出发，国防实力和经济实力同步提升，一体化国家战略体系和能力加快构建。人民军队坚决履行新时代使命任务，以顽强斗争精神和实际行动捍卫了国家主权、安全、发展利益。

新时代全面深化改革在党的建设领域取得重大成就。新时代党的建设制度改革，紧紧围绕提高科学执政、民主执政、依法执政水平深化改革，加强民主集中制建设，完善党的领导体制和执政方式，保持党的先进性和纯洁性，为改革开放和社会主义现代化建设提供坚强政治保证。党健全党的领导制度体系，建立健全党对重大工作的领导体制，强化党中央决策议事协调机构职能作用，完善推动党中央重大决策落实机制，严格执行向党中央请示报告制度，强化政治监督，深化政治巡视。制定和落实中央八项规定，持之以恒纠治“四风”。坚持思想建党和制度治党同向发力，树立正确用人导向，纠正选人用人上的不正之风。坚持纪严于法、执纪执法贯通，用好监督执纪“四种形态”。形成比较完善的党内法规体系，严格制度执行。党领导完善党和国家监督体系，推动设立国家监察委员会，构建巡视巡察上下联动格局，构建以党内监督为主导、各类监督贯通协调的机制，加强对权力运行的制约和监督。通过新时代全面深化改革，党的领导制度体系不断完善，党的自我净化、自我完善、自我革新、自我提高能力显著增强，管党治党宽松软状况得到根本扭转，反腐败斗争取得压倒性胜利并全面巩固，全面从严治党的政治引领和保障作用充分发挥，党在革命性锻造中更加坚强。

# 坚持和加强党的领导的三重逻辑*

“中国共产党的领导是中国特色社会主义最本质的特征，是中国特色社会主义制度的最大优势”；“党政军民学，东西南北中，党是领导一切的”。这是习近平总书记作出的一个重要论断，是习近平新时代中国特色社会主义思想的重要内容。党的十九大审议通过的党章修正案，将这一重大政治原则写入党章。十三届全国人大一次会议审议通过的宪法修正案，将相关内容载入宪法。这在党和国家政治生活中具有重大意义。对于习近平总书记提出这一重要论断的依据是什么、党章和宪法为什么要将其上升到党规国法的层面，此文从理论逻辑、历史逻辑和实践逻辑 3 个维度对这个问题作一探讨。

* 本文发表于《中国社会科学报》2020 年 8 月 6 日。

## 一、理论逻辑：中国共产党是有初心和使命的新型马克思主义政党

从理论逻辑看问题，就是要搞清楚中国共产党是一个什么性质的党，它以什么理论来作为自己的指导思想，又以什么样的奋斗目标来作为自己的行动纲领。

指导思想是一个政党的精神旗帜，最终奋斗目标是一个政党的最高纲领。中国共产党以马克思列宁主义、毛泽东思想、邓小平理论、“三个代表”重要思想、科学发展观、习近平新时代中国特色社会主义思想作为行动指南，这是写入中国共产党党章的。

马克思列宁主义是中国共产党行动指南的“源”。毛泽东思想、邓小平理论、“三个代表”重要思想、科学发展观、习近平新时代中国特色社会主义思想，是马克思列宁主义在中国的正确运用和创造性发展，是中国共产党行动指南的“流”。毛泽东思想既是马克思列宁主义在中国运用发展的成果，又是马克思主义中国化的开端。习近平新时代中国特色社会主义思想是当代中国马克思主义、二十一世纪马克思主义。这就是中国共产党的“道统”，这个“道统”一脉相承、与时俱进。

马克思、恩格斯最早阐述了共产党的性质、特点、基本纲

领、策略原则，提出了共产党的最高理想和最终目标。马克思、恩格斯在《共产党宣言》中指出："共产党人不是同其他工人政党相对立的特殊政党。他们没有任何同整个无产阶级的利益不同的利益。""过去的一切运动都是少数人的，或者为少数人谋利益的运动。无产阶级的运动是绝大多数人的，为绝大多数人谋利益的独立的运动。""代替那存在着阶级和阶级对立的资产阶级旧社会的，将是这样一个联合体，在那里，每个人的自由发展是一切人的自由发展的条件。"马克思主义博大精深，归根到底就是一句话，为人类求解放。

毛泽东同志是马克思主义中国化的伟大开拓者。他以中国风格、中国气派、中国语言概括提炼了中国共产党的根本宗旨。他指出："全心全意地为人民服务，一刻也不脱离群众；一切从人民的利益出发，而不是从个人或小集团的利益出发；向人民负责和向党的领导机关负责的一致性；这些就是我们的出发点。"新民主主义革命时期，在我们党召开的七大上，中国共产党将全心全意为人民服务确定为自己的根本宗旨并写入党章。

改革开放和社会主义现代化建设新时期，邓小平同志提出了"三个有利于"的标准，即判断我们一切工作的是非得失，要以"是否有利于发展社会主义社会的生产力，是否有利于增强社会主义国家的综合国力，是否有利于提高人民的生活水平"作为衡量标准。他还提出，要把人民拥护不拥护、赞成不赞成、高兴不高兴、答应不答应作为我们制定路线和方针政策的出发点和归宿。

新世纪，江泽民同志总结我们党赢得人民拥护的历史经验和根本原因，提出了“三个代表”重要思想。“三个代表”重要思想中的一个代表就是代表中国最广大人民的根本利益。对于如何贯彻“三个代表”重要思想，他强调，关键在坚持与时俱进，核心在坚持党的先进性，本质在坚持执政为民。

新阶段，胡锦涛同志提出了科学发展观。科学发展观的具体内容和要求是，坚持以人为本，全面、协调、可持续发展。对于如何贯彻落实科学发展观，他指出，要以实现人的全面发展为目标，让发展的成果惠及全体人民。他还特别强调：“要做到权为民所用，情为民所系，利为民所谋。”

新时代，习近平总书记反复强调，要坚定共产主义远大理想和中国特色社会主义共同理想。他提出：“人民对美好生活的向往，就是我们的奋斗目标。”他不仅强调坚持以人民为中心的发展思想，而且高度凝练和概括了中国共产党的初心和使命，这就是“为人民谋幸福、为民族谋复兴、为世界谋大同”。

旗帜就是方向、形象和力量。中国共产党是中国工人阶级的先锋队，同时是中国人民和中华民族的先锋队。中国共产党的宗旨是全心全意为人民服务。中国共产党的最终奋斗目标是实现共产主义。初心和使命是中国共产党性质宗旨、理想信念、奋斗目标的集中体现。

中国共产党作为一个马克思主义的新型政党，具有特殊的理论优势。它以工人阶级为阶级基础，以广大人民群众为社会基础。因此，它能够摆脱以往一切政党追求自身特殊利益的局限，始终以唯物辩证的科学精神，以无私无畏的博大胸怀，敢于做、能够做其他政党和政治力量做不了、做不到的事；它能够勇于坚持真理，修正错误，不断战胜强大敌人、克服各种艰难险阻，带领中国人民取得一个又一个伟大胜利。

正因为中国共产党以实现共产主义为远大理想，把自己作为工人阶级和广大人民群众争取独立解放、创造幸福生活、实现中华民族伟大复兴的忠实工具，这就决定了在中国人民和中华民族实现美好理想、中国共产党完成时代使命过程中，必须毫不动摇地坚持和加强党的领导。没有党的领导，就没有中华民族的独立和中国人民的解放，就不会有中国的富强和中国人民的幸福，就无法实现中华民族的伟大复兴，就不能实现我们的远大理想。

## 二、历史逻辑：中国共产党的领导是历史的选择、人民的选择

从历史逻辑看问题，就是要搞清楚中国为什么会产生中国共产党，为什么中国近现代史、中国人民和中华民族选择了中

国共产党，中国人民和中华民族始终支持和拥护中国共产党的领导。

鸦片战争使中国成为半殖民地半封建社会之后，中国很多阶级、阶层、政党和政治力量，都曾登上历史舞台想挽救国家于危难之中。首先，中国封建统治阶级内部的洋务派进行了自救，提出“师夷长技以制夷”，主张“中学为体，西学为用”。中国在中日甲午战争中的失败，宣告了洋务运动的破产。接着，中国资产阶级改良派粉墨登场，主张学习俄国农奴制改革和日本明治维新，在中国建立君主立宪的政治体制。但是，在封建守旧势力的打击之下，维新运动推行百日即收场。再接下来，中国资产阶级革命派接续奋斗，发动了辛亥革命，推翻了清王朝，结束了中国长达两千多年的封建君主专制。但是，辛亥革命并没有改变中国的社会性质和中国人民的悲惨境地。在近代中国的这几十年时间里，还发生了两场大的农民革命。一场是太平天国起义，一场是义和团运动。虽然中国的农民阶级也进行了英勇顽强的斗争，但由于中国农民阶级的历史局限性，最后也以失败告终。清朝末年，清政府为了欺骗舆论、挽救灭亡，还进行了最后一搏，推行了所谓的“清末新政”，但无疾而终。

在当时的中国，各种思潮和政治主张盛行一时、杂然纷呈。但大都昙花一现，迅速消失。辛亥革命之后，政党政治在中国兴起。20 世纪初，曾出现过两次建党高潮。政党、政治团体以及各种群众组织最多时达到680多个，具有政党性质的组织也有300个左右。这些政党和政治组织接受了多种思潮，提出了各种各样的政治主张。当时影响比较大的思潮有：改良主义、自由主义、社会达尔文主义、无政府主义、实用主义、民粹主义、工团主义、权威主义、民主社会主义、基尔特社会主义、互助主义、科学社会主义（马克思主义），等等。早先，改良主义、自由主义、无政府主义的影响比较大。在所谓“社会主义”的思潮中，信奉和拥护无政府主义的人比较多，而马克思主义只是众多流派中很小的一个派别。

在救亡图存中，各种政治力量相互争斗角逐，各种各样的政治体制也随着不同政治力量的此消彼长而轮流登场。各种政体在中国进行了尝试，但都寿命短暂，旋即消亡。比如，君主立宪制、帝制复辟、议会制、多党制、总统制、内阁制等。近代西方国家所创造的各种政体，在这个时期都曾出现过。北洋政府期间，总统和内阁总理的更换就像走马灯一样，换了一个又一个。从1912年至1927年的15年间，北洋政府总统、临时执政、摄政等更换15人，内阁总理更换31人，其中内阁变动次数多达59次，平均几个月一次。变动如此频繁，何谈国家治理。

俄国十月革命是影响和改变中国人思想观念的一个重大历史事件，中国人对马克思主义的认识出现了反转。新文化运动和五四运动的发生，使马克思主义在中国得到广泛传播。先进的中国人，经过比较、思考、鉴别，最后郑重选择了马克思主义，提出了“以俄为师”的口号，得出了“走俄国人的路”的结论。在马克思列宁主义同中国工人运动的结合中，中国共产党应运而生。“中国产生了共产党，这是开天辟地的大事变。”这一大事变，深刻改变了近代以后中华民族发展的方向和进程，深刻改变了中国人民和中华民族的前途和命运，深刻改变了世界发展的趋势和格局。从此，中国革命的面貌焕然一新。中国共产党团结带领中国人民进行了新民主主义革命，走上了推翻帝国主义、封建主义和官僚资本主义反动统治的革命道路。

以毛泽东同志为主要代表的中国共产党人，从我国的国情出发，立足于中国的实际，以马克思主义为指导，继承和弘扬中国历史和中华优秀传统文化，创立了新中国的国体和政体，实现了新民主主义向社会主义的伟大飞跃。在新时期、新世纪、新阶段，以邓小平同志、江泽民同志、胡锦涛同志为主要代表的中国共产党人，在改革开放中，大力加强和改善党的领导，坚持、发展、完善了中国特色社会主义的根本政治制度、基本政治制度、基本经济制度以及各方面的体制机制，建立起了中国特色社会主义的法律体系。

新时代，以习近平同志为主要代表的中国共产党人，从实现中华民族伟大复兴、推进新时代改革开放、应对风险挑战、赢得主动的战略高度，擘画了中国特色社会主义制度建设的宏伟蓝图，提出了坚持和完善中国特色社会主义制度、推进国家治理体系和治理能力现代化的重大命题，确定了国家治理体系和治理能力现代化“三步走”的总体目标。同时，把党的领导制度确立为我国的根本领导制度，并强调了其在中国特色社会主义制度体系中的统领地位。

一个国家由什么政党来领导，由哪个阶级来统治，是不以人的主观意志为转移的。一个国家采取什么样的国体、政体，是由这个国家的历史、文化以及现实的经济、政治等多种因素所决定的。客观规律起着决定性作用，人民群众的主体作用是通过客观规律表现出来的。

## 三、实践逻辑：实现中华民族伟大复兴必须坚持和加强党的全面领导

从实践逻辑看问题，就是要搞清楚为什么实现中华民族伟大复兴必须坚持和加强党的全面领导，怎样坚持和加强党的全面领导。

中华人民共和国成立 70 多年来，在中国共产党的领导下，我们创造了世所罕见的经济快速发展奇迹和社会长期稳定奇迹。中华人民共和国成立之初，1950 年我国工农业总产值是 100 亿美元，当时经济最发达的美国工农业总产值是 2800 亿美元，中

国只有美国的1/28。2019年，我国经济总量达到美国的67%。改革开放之初，1978年我国GDP总量只占世界比重的1.8%。2010年我国成为世界第二大经济体，2019年我国GDP总量占世界比重达到16.2%。这是中国共产党团结带领中国人民艰苦奋斗取得的，是用辛勤劳动和心血汗水换来的。

改革开放以来，在中国共产党的领导下，我们坚持解放思想、实事求是、与时俱进、求真务实，既不走封闭僵化的老路，也不走改旗易帜的邪路，坚定不移走中国特色社会主义道路。我们党带领全国各族人民有效应对一系列重大风险挑战，克服无数艰难险阻，取得改革开放和社会主义现代化建设的巨大成就。我们党成功开创了中国特色社会主义，成功把中国特色社会主义推向21世纪，成功地在新的历史起点上坚持和发展了中国特色社会主义。

党的十八大以来，在以习近平同志为核心的党中央坚强领导下，我们党团结带领全国各族人民，统揽伟大斗争、伟大工程、伟大事业、伟大梦想，统筹推进“五位一体”总体布局和协调推进“四个全面”战略布局，有力应对各种风险挑战，解决了许多长期想解决而没有解决的难题，办成了许多过去想办而没有办成的大事，推动党和国家事业取得历史性成就、发生历史性变革，推动中国特色社会主义进入新时代。

当今世界正处于百年未有之大变局，我国正处于实现中华民族伟大复兴的关键时期，我们党正带领人民进行具有许多新的历史特点的伟大斗争。形势环境变化之快，矛盾风险挑战之多，改革发展稳定任务之重，对党治国理政考验之大，前所未有。无数历史事实充分表明，越是在这样的时候，越需要主心骨和“定海神针”发挥作用，越需要坚持和加强党的领导。

坚持和加强党的领导，必须遵照党章、遵守宪法。这是坚持和加强党的领导的基本前提。党章是管党治党的总章程，宪法是国家的根本大法。党内所有的其他法规都是从党章派生出来的，国家所有的法律法规都是从宪法繁衍产生的。党章是党的各级组织和全体党员必须遵守的行为准则，宪法是所有法人和全体公民必须遵守的行为规范。党通过党的全国代表大会、中央全会和中央政治局制定党章和党规，全党必须无条件地服从和执行。党领导人民制定宪法和法律，党领导人民执行宪法和法律，党自身必须在宪法和法律范围内活动。党章维护了宪法和法律的权威，宪法以根本法的形式确定和反映了党在国家中的领导地位。坚持和加强党的领导，依据党章，是受宪法保护和支持的。

坚持和加强党的领导，必须建立健全科学规范有效的体制机制。党中央制定或修订了《关于新形势下党内政治生活的若干准则》《中共中央政治局关于加强和维护党中央集中统一领导的若干规定》《中共中央关于加强党的政治建设的意见》《中国共产党重大事项请示报告条例》《中国共产党党组工作条例》等一系列党内法规；作出一系列重大制度性安排，中央书记处和中央纪律检查委员会、全国人大常委会党组、国务院党组、全国政协党组、最高人民法院党组、最高人民检察院党组每年向中央政治局常委会、中央政治局报告工作，中央政治局同志每年向党中央和习近平总书记书面述职等；深化党和国家机构改革，推动人大、政府、政协、监察机关、审判机关、检察机关、人民团体、企事业单位、社会组织等在党的统一领导下协调行动、增强合力，全面提高国家治理能力和治理水平。这些都是党中央对坚持和加强党的全面领导作出的安排和部署。

坚持和加强党的领导，必须“打铁先要自身硬”。中国共产党要领导好中国的伟大社会革命，必须以正视问题的勇气和刀刃向内的自觉不断推进党的自我革命。党的十八大以来，以习近平同志为核心的党中央把全面从严治党纳入“四个全面”战略布局，坚持问题导向，形成抓思想从严、抓管党从严、抓执纪从严、抓治吏从严、抓作风从严、抓反腐从严的新格局，使党的面貌为之一新，使党内政治生活根本好转，使党风政风为之一振，反腐败斗争取得压倒性胜利并全面巩固，党的创造力、凝聚力、战斗力显著增强。全面从严治党永远在路上，我们要时刻保持警醒，不断增强党的自我革命的自觉性、坚定性，敢于坚持真理、修正错误，勇于刮骨疗毒、去腐生肌，提高党自我净化、自我完善、自我革新、自我提高能力，确保党始终成为走在时代前列、人民衷心拥护、勇于自我革命、经得起各种风浪考验、朝气蓬勃的马克思主义执政党，使党始终成为时代先锋、人民楷模、民族脊梁。

# 坚定维护党中央权威和集中统一领导*

2023年4月13日，习近平总书记在广东考察时对开展学习贯彻习近平新时代中国特色社会主义思想主题教育提出明确要求，强调要“自觉坚持党的全面领导、坚定维护党中央权威和集中统一领导，不断提高政治判断力、政治领悟力、政治执行力”。认真学习习近平总书记这一重要论述，对于我们用党的创新理论武装头脑、指导实践、推动工作，使全党始终统一思想、统一意志、统一行动，向着强国建设、民族复兴的宏伟目标奋勇前进，具有重大而深远的意义。

---

* 本文发表于《党建研究》2023年第5期。

## 一、坚定维护党中央权威和集中统一领导，是我国革命、建设、改革的重要经验，是一个成熟的马克思主义执政党的重大建党原则

全面建设社会主义现代化国家、全面推进中华民族伟大复兴，关键在党。习近平总书记强调："如果党中央没有权威，党的理论和路线方针政策可以随意不执行，大家各自为政、各行其是，想干什么就干什么，想不干什么就不干什么，党就会变成一盘散沙，就会成为自行其是的'私人俱乐部'，党的领导就会成为一句空话。"坚持党的领导，首先是坚持党中央集中统一领导；维护党的权威，首先是维护党中央权威。

回顾世界社会主义发展史，维护权威历来是马克思主义政党建设的重大课题。马克思在《关于工人阶级的政治行动》中提出了"一切阶级运动本身必然是而且从来就是政治运动"的重大判断，指明了无产阶级革命运动的本质是在无产阶级政党领导下的"政治的最高行动"。恩格斯强调："没有权威，就不可能有任何的一致行动。"基于这样的认识，恩格斯在总结巴黎公社的经验教训时提出，如果没有革命的权威，巴黎公社连一天都无法支撑，而巴黎公社之所以失败，正是因为它对革命的权威使用得太少。列宁认为，党应该具有严密的组织、统一的

意志和行动，只有按照集中制原则建立起来的党才是一个“真正钢铁般的组织”。

一部中国共产党历史，就是一部形成并维护党中央权威和集中统一领导的历史。在党成立早期，由于没有形成成熟的党中央，导致党的事业几经挫折，甚至到了“山穷水尽”的地步。在革命生死存亡的关键时刻，遵义会议事实上确立了毛泽东同志在党中央和红军的领导地位，开始确立以毛泽东同志为主要代表的马克思主义正确路线在党中央的领导地位，开始形成以毛泽东同志为核心的党的第一代中央领导集体。正是在党中央的坚强领导下，中国革命才得以一步步走向胜利，中国社会主义建设和改革的伟大事业才得以不断向前推进。党的十八大以来，面对严峻复杂的国内外形势，我们党之所以能战胜一系列风险挑战，攻克了许多长期没有解决的难题，办成了许多事关长远的大事要事，党和国家事业取得了历史性成就、发生了历史性变革，推动我国迈上全面建设社会主义现代化国家新征程，根本在于坚定维护习近平总书记党中央的核心、全党的核心地位，坚定维护党中央权威和集中统一领导。

历史和实践充分证明，要治理好我们这个大党、治理好我们这个大国，保证党的团结和集中统一至关重要，维护党中央权威和集中统一领导至关重要。只要毫不动摇坚持党的集中统一领导、毫不动摇维护党中央权威，把全体人民紧紧团结在党的周围，我们就一定能够战胜一切艰难险阻，乘风破浪，勇往直前。

## 二、党中央权威和集中统一领导，最关键的是政治领导，主要在于充分发挥党总揽全局、协调各方的领导核心作用

党政军民学，东西南北中，党是领导一切的，是最高的政治领导力量。习近平总书记对党的领导核心作用作了鲜明生动的阐述，强调："形象地说是'众星捧月'，这个'月'就是中国共产党。"坚定维护党中央权威和集中统一领导是全党共同的政治责任，从根本上关乎党和国家前途命运、关乎人民根本利益。

"两个维护"是党的最高政治原则和根本政治规矩。维护习近平总书记党中央的核心、全党的核心地位，维护党中央权威和集中统一领导，是党的十八大以来党的重大政治成果和宝贵经验。习近平总书记反复强调要警惕"七个有之"，要求各级党组织和广大党员、干部强化政治意识、大局意识、核心意识、看齐意识，要做到"两个维护"，确保全党在思想上政治上行动上同党中央保持高度一致。"两个维护"具有科学的内涵，是辩证统一的关系。维护核心，是维护习近平总书记党中央的核心、全党的核心地位；维护权威，是维护党中央权威和集中

统一领导。维护习近平总书记核心地位，就是维护党中央权威和集中统一领导；维护党中央权威和集中统一领导，首先要维护习近平总书记核心地位。“两个维护”既不能层层套用，也不能随意延伸。

充分发挥党总揽全局、协调各方的领导核心作用。事在四方，要在中央。中国共产党是中国特色社会主义事业的领导核心，处在总揽全局、协调各方的地位。习近平总书记指出：“在国家治理体系的大棋局中，党中央是坐镇中军帐的‘帅’，车马炮各展其长，一盘棋大局分明。”坚持党对一切工作的领导，最关键的就是要坚持党总揽全局、协调各方的领导核心地位。要把重点放在把方向、谋全局、抓大事上。把方向，就是要自觉在思想上政治上行动上同党中央保持高度一致，坚决贯彻党的理论和路线方针政策，确保改革发展正确方向。谋全局，就是要坚持在大局下行动。抓大事，就是要注重抓主要矛盾和矛盾的主要方面，注重抓重要领域和关键环节，特别是一些战略性、全局性重大问题，通过解决突出问题，做好重点工作推进全局工作。党的领导是全面的、系统的、整体的。党总揽全局、协调各方的领导地位必须落到实处，必须体现到经济建设、政治建设、文化建设、社会建设、生态文明建设和国防军队、祖国统一、外交工作、党的建设等各方面。同时，还必须处理好党政关系，党的领导和法治的关系，中央和地方、全局和局部、长远和当前的关系，正确处理集中统一领导和分工负责、保证中央政令畅通和立足实际创造性开展工作的关系等，切实提高党科学执政、民主执政、依法执政水平。

完善坚定维护党中央权威和集中统一领导的各项制度。坚定维护党中央权威和集中统一领导，需要全党同志高度的思想自觉和政治自觉，也需要有健全完善的制度机制作保障。习近平总书记指出：“要建立健全坚持和加强党的全面领导的组织体系、制度体系、工作机制，切实把党的领导落实到改革发展稳定、内政外交国防、治党治国治军等各领域各方面各环节。”围绕坚定维护党中央权威和集中统一领导，要健全党中央对重大工作的领导体制，强化党中央决策议事协调机构职能作用，完善推动党中央重大决策落实机制，严格执行向党中央请示报告制度，健全维护党的集中统一的组织制度，形成党的中央组织、地方组织、基层组织上下贯通、执行有力的严密体系，实现党的组织和党的工作全覆盖，使党的各级组织、全体党员做到党中央提倡的坚决响应、党中央决定的坚决执行、党中央禁止的坚决不做，确保从制度上保证党中央集中统一领导更加坚强有力，确保把党的全面领导落实到治国理政的方方面面、落实到各级各类组织的活动之中。

## 三、坚持以党的政治建设为统领，坚定拥护“两个确立”、坚决做到“两个维护”，以实际行动践行对党绝对忠诚

党的二十大报告指出：“全面建设社会主义现代化国家，是一项伟大而艰巨的事业，前途光明，任重道远。”习近平总书记强调，党的领导直接关系中国式现代化的根本方向、前途命运、最终成败。当前，世界百年未有之大变局和中华民族伟大复兴战略全局相互激荡，我国发展进入战略机遇和风险挑战并存、不确定难预料因素增多的时期，我们将面临风高浪急乃至惊涛骇浪的重大考验。应对和战胜前进道路上的各种风险挑战，我们比以往任何时候都更加需要一个坚强有力的领导核心和有权威的党中央，来实现国家的高度团结和集中统一，我们比以往任何时候都更加需要在党的坚强领导下，激发起中国人民和中华民族无比强大的凝聚力和向心力，使全党全国各族人民更有志气骨气底气，奋进新征程、建功新时代。

深刻领悟“两个确立”的决定性意义，坚决做到“两个维护”。“两个确立”是党的十八大以来我们党取得的最大政治成果、最重要历史经验、最客观实践结论，也是我们党继续走向胜利、赢得未来的根本政治保证。我们要牢牢把握“两个确立”

的历史逻辑、理论逻辑、实践逻辑，不断增强对“两个确立”的政治认同、思想认同、理论认同、情感认同，把“两个确立”不断转化为坚决做到“两个维护”的政治自觉、思想自觉、行动自觉。要始终牢记“国之大者”，不断提高政治判断力、政治领悟力、政治执行力，识大体、顾大局，观大势、谋大事，强化系统观念，自觉在大局下思考、在大局下行动，做到全党一盘棋、全国一盘棋。要坚定不移把党中央决策部署和工作要求落实到实际工作中，把贯彻党中央精神体现到谋划重大战略、制定重大政策、部署重大任务、推进重大工作的实践中去，真抓实干、久久为功，努力创造无愧于党、无愧于人民、无愧于时代的业绩，既为一域争光，又为全局添彩。

强化理论武装，坚持不懈用习近平新时代中国特色社会主义思想凝心铸魂。一个民族要走在时代前列，就一刻不能没有理论思维，一刻不能没有正确思想指引。我们要坚决把习近平新时代中国特色社会主义思想贯彻落实到党和国家工作各方面全过程，让这一思想彰显出更加强大的真理力量和实践伟力。加强理想信念教育，真正让理想信念成为凝聚精气神的灵魂，切实筑牢忠诚干净担当的思想根基。在学懂弄通做实上下功夫，在结合实际创造性贯彻落实上下功夫，深刻把握党的创新理论的世界观、方法论，自觉运用贯穿其中的立场观点方法，特别是要深刻领悟人民至上、自信自立、守正创新、问题导向、系统观念、胸怀天下的丰富内涵和实践要求，使科学理论真正转化为坚定理想、锤炼党性和指导实践、推动工作的强大力量。

严明党的政治纪律和政治规矩，增强制度执行力。中国特色社会主义制度的优势能不能发挥好，关键在于党的领导制度能不能执行好。我们要自觉尊崇制度、坚决维护制度、严格执行制度，自觉遵守加强和维护党中央集中统一领导的若干规定、中国共产党重大事项请示报告条例，坚决落实党中央对重大工作的领导制度和领导体制，严格执行中国共产党中央委员会、地方委员会、党组等工作条例，真正把“两个维护”落实到制度规矩、体制机制、行为规范、工作程序当中。要把“两个维护”作为新时代强化监督执纪问责、深化政治巡视和政治监督的根本任务，加强对“两个维护”落实情况的监督检查，坚决查处各种违反党的政治纪律和政治规矩的问题。要强化纪律规矩意识，心存敬畏、手握戒尺，坚持原则、敢于斗争，在大是大非问题上立场坚定、旗帜鲜明、举旗亮剑，勇于同一切弱化党的领导、动摇党的执政基础、损害党中央权威、破坏党的团结和集中统一的言行作斗争。

增强党内政治生活政治性、时代性、原则性、战斗性，用好批评和自我批评武器，持续净化党内政治生态。“浇风易渐，淳化难归。”营造良好政治生态是一项长期任务，必须作为党的政治建设的基础性、经常性工作，浚其源、涵其林，养正气、固根本，锲而不舍、久久为功。要贯彻落实新形势下党内政治生活的若干准则，让党员、干部在党内政治生活中经常接受政治体检，打扫政治灰尘，净化政治灵魂，增强政治免疫力。要加强党内政治文化建设，让党所倡导的理想信念、价值理念、优良传统深入党员、干部思想和心灵。要弘扬社会主义核心价值观，弘扬和践行忠诚老实、公道正派、实事求是、清正廉洁等价值观，以良好政治文化涵养风清气正的政治生态。

中央党史和文献研究院作为党中央直接领导的党史和文献工作的专门研究机构，处于坚定维护党中央权威和集中统一领导的第一方阵，我们要深入学习贯彻习近平新时代中国特色社会主义思想和党的二十大精神，按照党中央的决策部署，认真开展学习贯彻习近平新时代中国特色社会主义思想主题教育，深刻领悟“两个确立”的决定性意义，增强“四个意识”、坚定“四个自信”、做到“两个维护”。要立足新时代历史方位，加强党的领导，全面从严治党，把政治建院摆在首位，强化政治机关意识，始终走在坚决做到“两个维护”的前列，走在加强理论学习的前列。要把习近平总书记的著作和党的重要文献编辑好、出版好、阐释好，把党的历史和党的领袖人物研究好、宣传好、维护好，努力构建党的理论研究综合体系、打造党的历史和理论研究高端平台，建设党中央可靠的文献库、思想库、智囊团，谱写新时代党史和文献事业新篇章。

# 时刻保持解决大党独有难题的清醒和坚定*

我们党作为世界上最大的马克思主义执政党，组织规模之大、党员人数之多，都是独一无二、前所未有的。辩证地看，大有大的优势，大也有大的难处。如果管党治党有力，汇聚磅礴力量，我们党就会无往而不胜，就能够办大事、建伟业、创奇迹，否则就会一事无成。习近平总书记在党的二十大报告中强调："必须时刻保持解决大党独有难题的清醒和坚定。"时刻保持解决大党独有难题的清醒和坚定，关系党的生死存亡、关系党的兴衰成败，是党在新时代新征程上必须回答好、解决好的问题。那么，我们党面临哪些"独有难题"，如何去破解呢？在二十届中央纪委二次全会上，习近平总书记发表重要讲话，作出了"六个如何始终"的重要论述，为全党时刻保持清醒和坚定、解决大党独有难题指明了行动方向、提供了根本遵循。

---

* 本文发表于《人民日报》2023年3月14日。

## 一、必须始终不忘初心、牢记使命

这是习近平总书记阐述的解决大党独有难题的第一个问题，强调的是“如何始终不忘初心、牢记使命”。习近平总书记之所以提出这个问题，就是要提醒全党，不要忘了中国共产党是什么、要干什么这个根本问题，不要忘记我是谁、为了谁、依靠谁。党的初心和使命是党的性质宗旨、理想信念、奋斗目标的集中体现。这个问题关系立党兴党强党的根本问题，关系中国共产党人的根与本、精神支柱与政治灵魂。

我们党从诞生之日起，就把为中国人民谋幸福、为中华民族谋复兴作为自己的初心使命，始终坚持共产主义理想和社会主义信念，并一以贯之体现在党的全部奋斗中。100多年来，党领导人民浴血奋战、百折不挠，创造了新民主主义革命的伟大成就；自力更生、发愤图强，创造了社会主义革命和建设的伟大成就；解放思想、锐意进取，创造了改革开放和社会主义现代化建设的伟大成就；自信自强、守正创新，创造了新时代中国特色社会主义的伟大成就，书写出中华民族几千年历史上最恢宏的史诗，靠的是什么？靠的就是我们党有远大理想和崇高追求，靠的就是广大中国共产党人对初心使命的始终坚守。历史和现实反复证明，一个政党有了远大理想和崇高追求，有了坚定的初心使命，才会坚强有力、无坚不摧。一名党员干部始终不忘初心、牢记使命，就能挺起共产党人的精神脊梁，做到“任尔东西南北风”。

新时代新征程，目标更加宏伟、任务愈加繁重、挑战日益严峻，需要全党同志务必不忘初心、牢记使命。要坚持不懈用习近平新时代中国特色社会主义思想凝心铸魂，始终坚定对马克思主义的信仰，对中国特色社会主义和共产主义的信念，“炼就金刚不坏之身”。要始终坚持人民至上，以百姓心为心，与人民同呼吸、共命运、心连心，保持党同人民群众的血肉联系，永葆党的先进性和纯洁性。

## 二、必须始终统一思想、统一意志、统一行动

这是习近平总书记阐述的解决大党独有难题的第二个问题，强调的是“如何始终统一思想、统一意志、统一行动”。习近平总书记之所以提出这个问题，就是要提醒全党，治理我们这样一个大党大国，如果没有党中央权威和集中统一领导，如果没有全党全国思想统一、步调一致，就什么事也办不成。这个问题决不是一般的问题和个人的事，而是方向性、原则性、根本性问题，关乎党和国家的前途命运，关乎人民群众的根本利益。

从党的历史看，凡是我们党保持团结统一的时候，我们的事业就会取得胜利；凡是我们党的团结统一遭到破坏的时候，我们的事业就会遭受挫折。遵义会议前，由于我们党没有形成一个成熟的党中央，没有形成全党的团结统一，党和人民事业多次遭受挫折。遵义会议开始确立以毛泽东同志为主要代表的马克思主义正确路线在党中央的领导地位，开始形成以毛泽东同志为核心的党的第一代中央领导集体，开启了党独立自主解决中国革命实际问题新阶段，在最危急关头挽救了党、挽救了红军、挽救了中国革命，并且在这以后使党能够战胜张国焘的分裂主义，胜利完成长征，打开中国革命新局面。此后，我们党就不断从胜利走向胜利。改革开放以后，党为加强和改善党的领导进行持续努力，为党和国家事业发展提供了根本政治保证。同时，党内也存在不少对坚持党的领导认识模糊、行动乏力问题，存在不少落实党的领导弱化、虚化、淡化、边缘化问题，特别是对党中央重要决策部署执行不力，有的搞上有政策、下有对策，甚至口是心非、擅自行事，严重影响党的形象和威信，严重损害党的领导作用的发挥。历史和现实证明，只有党中央有权威，才能把全党牢固凝聚起来，进而把全国各族人民紧密团结起来，形成万众一心、无坚不摧的磅礴力量。党的团结统一是党和人民前途和命运所系，是全国各族人民根本利益所在。保证党的团结和集中统一至关重要，维护党中央权威至关重要，任何时候任何情况下都不能含糊、不能动摇。

新时代新征程，统一思想、统一意志、统一行动，就要深刻领悟“两个确立”的决定性意义，增强“四个意识”、坚定“四个自信”、做到“两个维护”。要坚持和加强党中央集中统一领导，健全党的领导制度体系，完善党中央重大决策部署落实机制，确保全党在政治立场、政治方向、政治原则、政治道路上同以习近平同志为核心的党中央保持高度一致。全党要在重大问题、严峻形势面前始终心往一处想、劲往一处使，团结一致向前进。

## 三、必须始终具备强大的执政能力和领导水平

这是习近平总书记阐述的解决大党独有难题的第三个问题，强调的是“如何始终具备强大的执政能力和领导水平”。习近平总书记之所以提出这个问题，就是要提醒全党，一个在14亿多人口大国长期执政的党，面对世界百年未有之大变局，面对我国正处于实现中华民族伟大复兴的关键时期，能力不足、本领不强，就无法团结带领人民完成新时代新征程的使命任务。这个问题是加强和改进党的领导的关键问题，关系重大、决定全局。

我们党一路走来，从弱小到强大，从局部执政到全国执政，

建立新中国、进行社会主义革命和建设、实行改革开放，历来高度重视全党特别是领导干部的学习和能力水平提升。早在延安时期，毛泽东同志就指出："我们队伍里边有一种恐慌，不是经济恐慌，也不是政治恐慌，而是本领恐慌。"毛泽东同志要求全党："边学边干，在战争中学习战争，在实践中增长才干，这就是我们共产党人的辩证法！"改革开放之初，邓小平同志强调，要重视和研究党的执政能力问题，"不好好研究这个问题，不解决这个问题，坚持不了党的领导，提高不了党的威信"。邓小平同志号召全党："必须再重新进行一次学习。"习近平总书记指出："要增强学习本领，在全党营造善于学习、勇于实践的浓厚氛围，建设马克思主义学习型政党，推动建设学习大国。"回顾百年奋斗历程，我们党依靠学习走到今天，依靠学习创造伟业。绳短不能汲深井，浅水难以负大舟。党和国家事业越发展，对领导干部的能力要求就越高。面对新情况新问题，一些干部出现新办法不会用、老办法不管用、硬办法不敢用、软办法不顶用，缺乏知识、缺乏本领，违背规律、蛮干盲干，给党和国家事业带来严重损失。历史和现实充分证明，我们党既要政治过硬，也要本领高强；既要有担当的宽肩膀，也要有成事的真本领。

新时代新征程，提高党的执政能力和领导水平，就要增强推动高质量发展本领、服务群众本领、防范化解风险本领，提高防风险、迎挑战、抗打压能力。要勤于学习、善于学习，向书本学、向实践学、向人民学。要把调查研究作为基本功，大兴调查研究之风，深入基层、深入群众、深入实际，问政于民、问计于民、问策于民。要不断提高科学执政、民主执政、依法执政水平。要加强思想淬炼、政治历练、实践锻炼、专业训练，在重大斗争中不断磨砺提升能力水平，担当起强国建设、民族复兴的历史重任。

## 四、必须始终保持干事创业精神状态

这是习近平总书记阐述的解决大党独有难题的第四个问题，强调的是“如何始终保持干事创业精神状态”。习近平总书记之所以提出这个问题，就是要提醒全党，大党长期执政，承平日久，容易追求安逸享乐，从而精神懈怠、意志消沉、不思进取。人无精神则不立，国无精神则不强。这个问题关系到党能不能永葆革命精神、坚定革命斗志，赓续共产党人精神血脉，鼓起奋进新征程、建功新时代的精气神，从而走好新的赶考之路。

历史从哪里开始，精神就从哪里产生。我们党一路走来，一代又一代中国共产党人顽强拼搏、不懈奋斗，形成了以伟大建党精神为源头的包括井冈山精神、苏区精神、长征精神、遵义会议精神、延安精神、抗战精神、红岩精神、西柏坡精神、照金精神、东北抗联精神、南泥湾精神、太行精神（吕梁精神）、大别山精神、沂蒙精神、老区精神、张思德精神；抗美援朝精神、“两弹一星”精神、雷锋精神、焦裕禄精神、大庆精神（铁人精神）、红旗渠精神、北大荒精神、塞罕坝精神、“两路”精神、老西藏精神（孔繁森精神）、西迁精神、王杰精神；改革开放精神、特区精神、抗洪精神、抗击“非典”精神、抗震救灾精神、载人航天精神、劳模精神（劳动精神、工匠精神）、青藏铁路精神、女排精神；脱贫攻坚精神、抗疫精神、“三牛”精神、科学家精神、企业家精神、探月精神、新时代北斗精神、丝路精神等伟大精神在内的中国共产党人精神谱系，成为中国共产党人理想信念、政治品格、宗旨意识、意志品质、精神风貌的综合体现，为我们立党兴党强党提供了丰富的滋养。党的百年奋斗史表明，只有具有伟大精神的政党，才能领导人民赢得伟大斗争、开创伟大事业。李大钊说过：“历史的道路，不全是坦平的，有时走到艰难险阻的境界。这是全靠雄健的精神才能冲过去的。”新时代的伟大成就是党和人民一道拼出来、干出来、奋斗出来的。历史启示我们，人是要有点精神的，拥有革命加拼命精神的政党将是不可战胜的。

新时代新征程，始终保持干事创业精神状态，就要弘扬伟大建党精神，传承红色基因，赓续红色血脉；就要敢于斗争、善于斗争，依靠顽强斗争打开事业发展新天地；就要发扬伟大的历史主动精神，勇于担当作为，在迎接挑战和攻坚克难中奋勇向前。

## 五、必须始终能够及时发现和解决自身存在的问题

这是习近平总书记阐述的解决大党独有难题的第五个问题，强调的是"如何始终能够及时发现和解决自身存在的问题"。习近平总书记之所以提出这个问题，就是要提醒全党，要勇于坚持真理，修正错误。这个问题关系到党能不能突破"革别人命容易，革自己命难"的世界性难题，能不能在直面问题、克服不足中永葆青春活力而长盛不衰。

在中国这样的大国进行革命、建设、改革，推进强国建设、民族复兴伟业，是前无古人的伟大事业，在探索中出现失误甚至错误都是在所难免的。但是，我们党在人民的支持下，依靠自己的力量战胜困难、纠正错误、走向光明，可以说是几度绝处逢生、又几度柳暗花明。正是在这样的千锤百炼中，我们党愈益强大和成熟起来。历史和现实证明，党的伟大不在于不犯错误，而在于从不讳疾忌医，积极开展批评和自我批评，敢于直面问题，勇于自我革命。

新时代新征程，始终能够及时发现和解决自身存在的问题，

就要坚持解放思想、实事求是、与时俱进、求真务实，坚持发扬自我革命精神，不断清除一切损害党的先进性和纯洁性的因素，不断清除一切侵蚀党的健康肌体的病毒，把党建设成为始终走在时代前列、人民衷心拥护、勇于自我革命、经得起各种风浪考验、朝气蓬勃的马克思主义执政党。

## 六、必须始终保持风清气正的政治生态

这是习近平总书记阐述的解决大党独有难题的第六个问题，强调的是“如何始终保持风清气正的政治生态”。习近平总书记之所以提出这个问题，就是要提醒全党，政治生态同自然生态一样，稍不注意就容易受到污染，一旦出现问题再想恢复就要付出很大代价。这个问题事关党的肌体健康，事关我们党能否汇聚起激浊扬清的强大正能量，事关我们党能否做到永远不变质、不变色、不变味。

我们党是中国工人阶级的先锋队，同时是中国人民和中华民族的先锋队，没有任何自己特殊的利益，从来不代表任何利益集团、任何权势团体、任何特权阶层，在党内决不允许存在形形色色的利益集团，也决不允许结党营私。开展严肃认真的党内政治生活，营造良好的政治生态是我们党的优良传统和政治优势。古田会议提出思想建党、政治建军原则，就是强调要

使党员的思想和党内的生活都政治化、科学化。遵义会议之所以开得好、开得成功，就是恢复了民主集中制，党内开展了积极的思想斗争，有了正常的党内生活。延安整风后，我们党在长期实践中逐步形成以实事求是、理论联系实际、密切联系群众、批评和自我批评、民主集中制、严明党的纪律等为主要内容的党内政治生活基本规范，保证了党充满生机和活力。党的十八大以来，以习近平同志为核心的党中央身体力行、率先垂范，坚定推进全面从严治党，坚持思想建党和制度治党紧密结合，集中整饬党风，严厉惩治腐败，净化党内政治生态，党内政治生活展现新气象，赢得了党心军心民心。历史和现实充分证明，什么时候政治生态好，人心就顺、正气就足；什么时候政治生态不好，就会人心涣散、弊病丛生。

新时代新征程，始终保持风清气正的政治生态，就要严肃党内政治生活，涵养积极健康的党内政治文化，弘扬和践行忠诚老实、公道正派、实事求是、清正廉洁等价值观，倡导清清爽爽的同志关系、规规矩矩的上下级关系、亲清政商关系。坚持以严的基调强化正风肃纪，以永远吹冲锋号的决心和意志坚决反对腐败。坚持正确用人导向，把好干部选出来、用起来，促进能者上、庸者下、劣者汰，以全党的强大正能量汇聚起全面建设社会主义现代化国家、全面推进中华民族伟大复兴的磅礴力量。

# 把“两个确立”融入灵魂化为行动*

习近平总书记在第六批全国干部学习培训教材序言中强调，“这批教材集中反映了新时代的创新成果，展示了我们党推进和拓展中国式现代化的生动实践”，“各级干部要学好用好教材，当好中国式现代化建设的坚定行动派、实干家”。作为第六批全国干部学习培训教材之一的《深刻领悟“两个确立”的决定性意义》，科学阐释了关于如何准确理解和把握“两个确立”的一系列重大理论问题，对于引导广大党员、干部不断加深对“两个确立”决定性意义的认识，切实把“两个确立”的政治共识转化为“两个维护”的实际行动，具有重要的启迪意义。

---

* 本文发表于《中国纪检监察报》2024年10月10日。

## 一、全面阐释和梳理“两个确立”的理论逻辑、历史逻辑、实践逻辑

党的十九届六中全会审议通过的《中共中央关于党的百年奋斗重大成就和历史经验的决议》指出：“党确立习近平同志党中央的核心、全党的核心地位，确立习近平新时代中国特色社会主义思想的指导地位，反映了全党全军全国各族人民共同心愿，对新时代党和国家事业发展、对推进中华民族伟大复兴历史进程具有决定性意义。”这一重大历史结论、重大政治判断，既是一个重大的政治问题，又是一个重大的理论问题，它深刻揭示了党的领袖和党的创新理论对党和人民事业发展所起的“定海神针”作用，不仅是党的十八大以来我们党取得的最重大政治成果、获得的最宝贵历史经验，也是贯通百年大党过去、现在、未来的一个总纲，为我们深刻把握党的百年奋斗历程，看清楚党过去为什么能够成功、未来怎样才能继续成功提供了一把“金钥匙”。如何从多个维度全方位阐释“两个确立”这一重大论断，《深刻领悟“两个确立”的决定性意义》一书从理论逻辑、历史逻辑、实践逻辑等进行了系统梳理，作出了正确回答。

“两个确立”科学揭示了马克思主义政党的根本政治原则。

该书第一章对这个问题进行了详尽阐述。第一章从马克思主义唯物史观和建党学说的基本观点出发，鲜明指出，维护党中央权威和集中统一领导、坚持科学理论指引，从而锻造出战胜一切艰难险阻的创造力、凝聚力、战斗力，是被实践证明了的无产阶级革命运动的宝贵经验，是一个成熟的马克思主义政党必须始终坚持的重大原则。马克思主义政党的性质宗旨，深刻回答了马克思主义政党“是什么、要干什么”这个根本问题，决定着马克思主义政党必须始终维护党中央权威和集中统一领导、坚持科学理论指引。马克思主义政党是按照民主集中制原则组织起来的，坚决维护党中央权威是全面贯彻民主集中制的根本要求和题中应有之义。马克思主义科学揭示了人类社会发展规律，指明了人类寻求自身解放的道路，为无产阶级政党提供了科学的世界观和方法论。170 多年来，国际共产主义运动波澜壮阔，对人类社会发展进步作出了重要贡献，极大地改变了世界面貌，深刻影响了世界历史的发展进程。各国共产党在推动国际共产主义运动向前发展的同时，也积累了丰富的历史经验和值得吸取的深刻教训。其中至关重要的两条，一是必须坚持无产阶级政党的领导，形成和维护坚强有力的领导核心；二是必须坚持马克思主义的指导，把马克思主义基本原理同各国具体实际和本民族优秀传统文化相结合。

“两个确立”高度凝练了中国共产党百年奋斗的最重要历史

经验。该书第二章对这个问题进行了详尽阐述。第二章回顾我们党百余年的奋斗历史鲜明指出，中国共产党是马克思主义政党，坚强的领导核心和科学的理论指导是我们党创造历史伟业的成功密码。坚持和加强党中央集中统一领导是我们党领导革命、建设、改革不断获得成功的重要经验，也是加强党的建设的一条重要原则。什么时候全党坚定维护党中央权威和集中统一领导，党的事业就不断取得胜利；离开了党中央权威和集中统一领导，党的领导就会弱化，党的事业必然遭受挫折。中国共产党是用马克思主义武装起来的政党，马克思主义是党的精神旗帜，是党的魂脉，是我们的看家本领。中国共产党为什么能，中国特色社会主义为什么好，归根到底是马克思主义行，是中国化时代化的马克思主义行。历史和现实证明：没有中国共产党，就没有新中国，就没有中华民族伟大复兴；领导中国人民夺取革命胜利、治理好我们这个世界上的大党大国，必须坚持党的全面领导特别是党中央集中统一领导；马克思主义是我们立党立国、兴党兴国的根本指导思想，拥有马克思主义科学理论的指导，是我们党坚定理想信念、把握历史主动的根本所在。

“两个确立”是党在新时代取得的最重大政治成果。该书第三章对这个问题进行了详尽阐述。伟大的时代之所以伟大，是以一系列伟大内容为标志的。第三章立足新时代的成功实践和伟大成就鲜明指出，党的十八大以来，以习近平同志为核心的党中央统筹中华民族伟大复兴战略全局和世界百年未有之大变局，团结带领全党全军全国各族人民有效应对重大挑战、抵御重大风险、克服重大阻力、化解重大矛盾，党和国家事业取得历史性成就、发生历史性变革。新时代伟大成就的取得，根本在于有习近平总书记作为党中央的核心、全党的核心领航掌舵，在于有习近平新时代中国特色社会主义思想科学指引。“两个确立”是党的十八大以来我们党作出的重大政治抉择，是党在新时代赢得伟大历史主动的决定性因素。

## 二、着力聚焦和体现政治性与思想性、理论性与实践性的统一

时代是思想之母，实践是理论之源。一切划时代的理论，都是满足时代需要的产物。用以观察时代、把握时代、引领时代的理论，必须反映时代的声音，绝不能脱离所在时代的实践，必须不断总结实践经验，将其凝结成时代的思想精华。该书坚持以习近平新时代中国特色社会主义思想为指导，全面贯彻党的二十大和二十届二中全会精神，针对当前广大党员干部普遍关注的理论和现实问题，注重联系实际、研机析理、解疑释惑，力争从历史和现实相统一、理论和实践相结合、道理和情理相

贯通等角度，讲全、讲透、讲实“两个确立”的决定性意义，帮助广大党员、干部更好领会这一重大论断的科学内涵和精神实质。

突出政治性。“两个确立”是党的十八大以来最重大的政治成果。研究阐释这一重大政治论断，必须提高政治站位，善于从政治高度看问题。该书紧紧围绕习近平新时代中国特色社会主义思想的最新理论创新成果和基本内涵要求，突出党的二十大提出的新论断新战略新部署，坚持站在党和国家事业发展全局的政治高度，立足世界百年未有之大变局加速演进的国际形势，立足中国特色社会主义进入新时代、我国发展进入新阶段的历史方位，立足以中国式现代化全面推进强国建设、民族复兴伟业，来阐释“两个确立”的重大现实意义和深远历史意义，有助于广大党员、干部提高政治站位。

突出思想性。“两个确立”既是严肃的政治论断，也是深邃的理论论断，内涵十分丰富，思想极其深刻。讲清楚“两个确立”所蕴含的道理学理哲理，做到明其理、释其意、解其言，对武装党员、干部，教育群众，至关紧要。马克思说过：“理论只要说服人，就能掌握群众；而理论只要彻底，就能说服人。所谓彻底，就是抓住事物的根本。”该书坚持从历史唯物主义立场观点出发，立足党的百年历史经验，从理论依据、历史依据、现实依据、实践要求等方面，对“两个确立”进行深入阐释，努力对这一重大论断进行深层次挖掘和学理化建构。

突出指导性。理论的飞跃不是体现在词句的标新立异上，也不是体现在逻辑的自洽自证上，归根到底要体现在回答实践问题、引领实践发展上。如何把“两个确立”这一重大命题讲清楚、讲透彻，让广大党员、干部不但听得明白，而且能用以指导实践，是党的思想理论工作的一项重大而紧迫的课题。该书立足现实、坚持问题导向，着眼以习近平同志为核心的党中央对广大党员、干部的政治能力、领导能力、工作能力等提出的新要求，不仅从理论上阐释了“两个确立”的重大意义和丰富内涵，而且论述了“两个确立”的实践要求，有助于解决广大党员干部对“两个确立”怎么看的问题，又回答坚定拥护“两个确立”怎么办、怎么干的问题。

突出可读性。要使“批判的武器”变成“武器的批判”，使党的创新理论成为推动实践、改造世界的强大力量，首先就要把彻底的理论讲彻底，把鲜活的思想讲鲜活，推动党的创新理论深入人心，为广大党员、干部和群众所接受和掌握。该书以各级各类干部的学习需求为着眼点和落脚点，注重用通俗的语言讲明深刻的道理，增强理论读物的可视感和可读性。在行文的过程中，除了精彩的文字论述之外，还配之以插图、辅文和带有二维码的权威文献、解读文章等形式多样的小栏目，更好满足新媒体时代读者延伸阅读的需求和习惯。

## 三、学好用好《深刻领悟“两个确立”的决定性意义》，从中汲取不断前进的智慧和力量

习近平总书记指出：“道不可坐论，理不能空谈。学习党的创新理论的目的全在于运用。”该书第四章及结语部分的阐述落脚在坚定拥护“两个确立”，努力实现新时代新征程的目标任务上。全面建设社会主义现代化国家，是一项伟大而艰巨的事业，前途光明，任重道远。当今世界正在经历百年未有之大变局，处在民族复兴关键时期的当代中国正在经历着有史以来最为广泛而深刻的社会变革，正在推进中国式现代化这一人类历史上非常宏大而独特的实践创新，创造着人类文明的新形态。在“两个大局”加速演进并深度互动的时代背景下，人类社会面临许多亟待解决的共同问题，我国改革发展稳定、内政外交国防、治党治国治军等各个领域也都面临着一系列新的重大课题，中国之问、世界之问、人民之问、时代之问给我们提出的新考题比过去更复杂、更多、更难，我们更要深刻领悟“两个确立”的决定性意义，增强“四个意识”、坚定“四个自信”、做到“两个维护”，不断提高干事创业的能力和水平，努力创造经得起历史和人民检验的实绩。

进一步感悟思想伟力，坚持不懈用习近平新时代中国特色

社会主义思想凝心铸魂。习近平总书记指出：“理论强，才能方向明、人心齐、底气足。”习近平新时代中国特色社会主义思想是中国共产党的思想旗帜、精神旗帜，是全党全国人民奋进新征程、夺取新胜利的科学指引和行动指南。我们要巩固拓展主题教育成果，坚持不懈用习近平新时代中国特色社会主义思想凝心铸魂。要在深化内化转化上下功夫，筑牢信仰之基、补足精神之钙、把稳思想之舵。善于从党的创新理论中悟规律、明方向、学方法、增智慧，把看家本领、兴党本领、强国本领学到手，全面提升与推进中国式现代化相适应的政治能力、领导能力、工作能力。要善于从党的创新理论中汲取踔厉奋发、勇毅前行的精神动力，坚定历史自信、锤炼斗争本领，始终保持锐意进取、迎难而上的奋斗姿态，在新征程上展现新气象新作为。

不断提升政治能力，更加坚定自觉做到“两个维护”。习近平总书记指出，“全面从严治党首先要从政治上看”“政治问题要从政治上来解决”。“两个维护”是党的最高政治原则和根本政治规矩，是检验党员、干部理想信念、政治立场、党性修养和能力作风的试金石。我们要不断增强维护习近平总书记党中央的核心、全党的核心地位的政治自觉、思想自觉、行动自觉，真正做到情感上衷心爱戴核心、思想上高度认同核心、政治上坚决维护核心、组织上自觉服从核心、行动上紧紧跟随核心。要坚持和加强党中央集中统一领导，完善党中央重大决策部署落实机制，确保全党在政治立场、政治方向、政治原则、政治道路上同以习近平同志为核心的党中央保持高度一致，在党的旗帜下团结成“一块坚硬的钢铁”，步调一致向前进。

增强斗争精神，依靠顽强斗争打开事业新局面。习近平总书记强调，要发扬革命传统，增强斗争精神，勇于战胜前进道路上的各种艰难险阻。中华民族伟大复兴绝不是轻轻松松、敲锣打鼓就能实现的，也绝不是一马平川、朝夕之间就能到达的，前进道路上仍然存在可以预料和难以预料的各种风险挑战。我们必须把握新的伟大斗争的历史特点，发扬斗争精神，把握斗争方向，掌握斗争主动权，坚定斗争意志，增强斗争本领，增强全党全军全国各族人民的志气、骨气、底气，不信邪、不怕鬼、不怕压，知难而进、迎难而上，统筹发展和安全，全力战胜前进道路上各种困难和挑战。要增强忧患意识，坚持底线思维、极限思维，时刻保持如履薄冰的谨慎、见叶知秋的敏锐、未雨绸缪的主动，在伟大斗争中不断赢得伟大胜利，不断把中华民族伟大复兴的历史进程推向前进。

牢牢把握团结奋斗的时代要求，不断巩固和发展大团结大联合局面。习近平总书记指出：“团结奋斗是党领导人民创造历史伟业的必由之路。”我们必须坚持大团结大联合，团结一切可以团结的力量，调动一切可以调动的积极因素，促进政党关系、民族关系、宗教关系、阶层关系、海内外同胞关系和谐，铸牢中华民族共同体意识，最大限度凝聚起共同奋斗的力量；坚持一致性和多样性统一，加强思想政治引领，广泛凝聚共识，广聚天下英才，努力寻求最大公约数、画出最大同心圆。

深入推进全面从严治党，不断巩固良好政治生态。习近平总书记指出：“全面从严治党永远在路上，党的自我革命永远在路上。”我们必须持之以恒推进全面从严治党，深入推进新时代党的建设新的伟大工程，以党的自我革命引领社会革命。要落实新时代党的建设总要求，以党的政治建设统领党的建设各项工作，健全全面从严治党体系，全面推进党的自我净化、自我完善、自我革新、自我提高。要应中国式现代化事业发展新要求，着力造就忠诚干净担当的高素质专业化干部队伍。要坚持以严的基调正风肃纪，着力克服形式主义、官僚主义，让广大党员、干部尤其是基层干部把更多精力集中到推动发展、服务群众上。要坚持一体推进不敢腐、不能腐、不想腐，深化标本兼治、系统施治，持续保持惩治腐败高压态势，坚决打赢反腐败斗争攻坚战持久战，确保我们党永远不变质、不变色、不变味。

# 铭记历史　牢记启迪*

## ——纪念遵义会议召开 90 周年

遵义会议召开迄今为止已经整整 90 年了。遵义会议在党的历史上“是一个生死攸关的转折点”。在纪念遵义会议召开 90 周年之际，研究和探索其具有的历史地位和转折意义，对于我们回顾历史、获得启迪、认识当下、烛照未来，具有极其重要的现实意义。

我们党在新民主主义革命时期的历史共有 28 年，这 28 年以遵义会议为界，正好可以划分为前 14 年和后 14 年。前 14 年，我们党犯了 1 次右倾、3 次“左”倾的错误，中国革命遭受了两次重大挫折，一次是大革命的失败，一次是中央革命根据地第五次反“围剿”的失败，红军被迫进行战略转移；后 14 年，从遵义会议开始，我们党重新奋起，团结带领人民克服了一个又一个艰险、战胜了一个又一个挑战，先是取得了长征的

* 本文发表于《人民日报》2025 年 1 月 7 日。

胜利，度过了最艰难的时期，开创了中国革命新局面，尔后又陆续取得了抗日战争的胜利、解放战争的胜利，推翻帝国主义、封建主义、官僚资本主义三座大山，最终建立中华人民共和国，实现了民族独立、人民解放，开启中国历史发展的新纪元。在这样的前后对比中，我们可以清晰地看到，遵义会议是一个重要的标识和转折。遵义会议后，党和红军转危为安、化险为夷，中国革命斗争的局面从被动转向主动，从此中国革命事业就不断从胜利走向新的更大的胜利。那么，为什么遵义会议前后会发生如此天翻地覆的历史巨变呢？其深刻的历史原因和内在逻辑是什么呢？对此，党的十九届六中全会审议通过的《中共中央关于党的百年奋斗重大成就和历史经验的决议》进行了深刻总结和揭示，这就是：遵义会议"事实上确立了毛泽东同志在党中央和红军的领导地位，开始确立以毛泽东同志为主要代表的马克思主义正确路线在党中央的领导地位，开始形成以毛泽东同志为核心的党的第一代中央领导集体，开启了党独立自主解决中国革命实际问题新阶段"。

党的历史表明，核心问题至关紧要，核心就是旗帜，核心就是方向，核心就是力量。马克思主义告诉我们，核心来自实践，核心代表人民，核心指引前进方向，核心是历史和人民的选择。

历史的发展有其内在的逻辑和本质的规律。唯物史观认为，人民群众创造历史。伟大人物凝聚了人民的意志，是人民群众根本利益的忠实代表。伟大人物不是凭空出现的，而是在实践中产生的，是历史和时代的产物。毛泽东同志之所以能成为我们党的第一代中央领导集体的核心，绝不是偶然的。大革命时期，毛泽东同志对中国社会形态和阶级状况进行了深刻分析，对中国革命的性质、对象、任务和动力等问题进行了深入思考。大革命失败后，他深刻总结革命斗争的经验教训，提出了“枪杆子里面出政权”，组织发动湘赣边秋收起义，并带领起义的部队上了井冈山，领导创建了中国第一个农村革命根据地，开辟了农村包围城市、武装夺取政权的正确革命道路。他强调：“马克思主义的‘本本’是要学习的，但是必须同我国的实际情况相结合。”他提出：“真正的铜墙铁壁是什么？是群众，是千百万真心实意地拥护革命的群众。”毛泽东同志对中国革命形势的深刻分析力、对历史发展趋势的深邃洞察力、对时代前进方向的科学判断力，得到了实践的检验和历史的验证。

唯物史观还认为，每个人在历史发展中都有一定作用，但作用的性质、大小不一样。伟大人物通常比一般人站得高、看得远，能够集中集体的智慧，倾听人民的呼声，顺应时代的潮流，把握历史的规律，提出和解决重大历史任务，指引历史前进的方向，因而他的作用是独特的、特殊的，他能对历史的发展起到加速的推动作用。为了说明这个问题，让我们回顾一段党和红军的历史。在中央革命根据地第一至第三次反“围剿”中，在毛泽东同志的正确领导下，红军采取了积极防御方针，集中优势兵力，扬我之长、攻敌之短，打运动战、打速决战、打歼灭战，把敌人“肥的拖瘦、瘦的拖垮”，在运动中寻找战机，各个歼灭敌人，先后都取得了3次反“围剿”的胜利；在第四次反“围剿”中，周恩来、朱德同志继续采用毛泽东同志提出的军事战略战术，运用前3次反“围剿”的成功经验，仍然取得了第四次反“围剿”的胜利。而在第五次反“围剿”中，李德等人则主张“御敌于国门之外”，采取消极防御的战略方针和“短促突击”的战术，打正规战、打阵地战、打堡垒战，同敌人拼消耗，实行了进攻时的冒险主义、防御时的保守主义、突围时的逃跑主义，结果使第五次反“围剿”遭到完全失败。彭德怀同志曾把这种行为斥之为“崽卖爷田心不痛”。由于“左”倾教条主义的错误领导，使党和红军历经多年建立起来的十几块革命根据地，除陕甘革命根据地“硕果仅存”外，全部丢失。湘江战役一役，中央红军从出发时的8.6万人减少到3万余人。第五次反“围剿”失败的教训惨痛啊！在历史的转折关头和关键时刻，党选择了毛泽东，红军选择了毛泽东，中国革命选择了毛泽东，历史和人民选择了毛泽东。对于党和红军的这段历史，我们不应该忘记，而应该永远铭记！

历史的脚步走到了2012年。这一年在中国共产党的历史上不同寻常，我们党召开了第十八次全国代表大会。党的十八大标注了我国发展新的历史方位。这就是：经过长期努力，中国特色社会主义进入了新时代。新时代以来，以习近平同志为核心的党中央，以伟大的历史主动精神、巨大的政治勇气、强烈的责任担当，统筹国内国际两个大局，贯彻党的基本理论、基本路线、基本方略，统揽伟大斗争、伟大工程、伟大事业、伟大梦想，坚持稳中求进工作总基调，出台一系列重大方针政策，推出一系列重大举措，推进一系列重大工作，战胜一系列重大风险挑战，解决了许多长期想解决而没有解决的难题，办成了许多过去想办而没有办成的大事，推动党和国家事业取得历史性成就、发生历史性变革。在治国理政实践中，习近平总书记以马克思主义政治家、思想家、战略家的恢弘气魄、远见卓识、雄韬伟略，从容驾驭各种复杂局面，有效应对国内外各种风险挑战，充分展现了卓越的政治智慧、坚强的战略定力、强烈的使命担当、深厚的为民情怀、高超的领导艺术，赢得了全党全军全国各族人民衷心拥护，受到国际社会高度赞誉，成为众望所归、当之无愧的党的核心、人民领袖、军队统帅。《中共中央关于党的百年奋斗重大成就和历史经验的决议》在总结新时代的伟大成就和宝贵经验时深刻指出：“党确立习近平同志党中央的核心、全党的核心地位，确立习近平新时代中国特色社会主义思想的指导地位，反映了全党全军全国各族人民共同心愿，对新时代党和国家事业发展、对推进中华民族伟大复兴历史进程具有决定性意义。”“两个确立”是党的十八大以来我们党取得的最重大政治成果，已经成为全党全军全国各族人民的高度共识和共同意志，写在了新时代的伟大征程中，写在了全党全军全国各族人民的心坎上，是党和人民应对一切不确定性的最大确定性、最大底气、最大保证。

历史是最好的教科书，中国革命历史是最好的营养剂。我们纪念遵义会议召开 90 周年，就是要铭记历史、牢记启迪，深刻领悟“两个确立”的决定性意义，增强“四个意识”、坚定“四个自信”、做到“两个维护”，走好新时代的长征路。党的二十大擘画了全面建成社会主义现代化强国的宏伟蓝图，党的二十届三中全会吹响了进一步全面深化改革的号角，我们要更加紧密地团结在以习近平同志为核心的党中央周围，全面贯彻习近平新时代中国特色社会主义思想，深入贯彻党的二十大和二十届二中、三中全会精神，高举改革开放旗帜，同心同德、锐意进取，脚踏实地、攻坚克难，为以中国式现代化全面推进强国建设、民族复兴伟业而努力奋斗。

# 党的历史上生死攸关的转折点*

## ——纪念遵义会议召开90周年

遵义会议召开至今已经90年了。遵义会议在党的历史上“是一个生死攸关的转折点”。在纪念遵义会议召开90周年之际，进一步深入研究和探索遵义会议具有的历史地位、历史内涵和历史启迪，具有重要的现实意义。

### 一、遵义会议的历史地位

关于遵义会议的历史地位，党的3个历史决议都作出了郑重的结论。

1945年4月20日，党的扩大的六届七中全会原则审议通过的《关于若干历史问题的决议》指出：“在一九三五年一月，在毛泽东同志所领导的在贵州省遵义城召开的扩大的中央政治

* 本文发表于《学习时报》2025年1月13日。

局会议上，得以胜利地结束了‘左’倾路线在党中央的统治，在最危急的关头挽救了党。遵义会议集中全力纠正了当时具有决定意义的军事上和组织上的错误，是完全正确的。这次会议开始了以毛泽东同志为首的中央的新的领导，是中国党内最有历史意义的转变。也正是由于这一转变，我们党才能够胜利地结束了长征，在长征的极端艰险的条件下保存了并锻炼了党和红军的基干，胜利地克服了坚持退却逃跑并实行成立第二党的张国焘路线，挽救了‘左’倾路线所造成的陕北革命根据地的危机，正确地领导了一九三五年的‘一二九’救亡运动，正确地解决了一九三六年的西安事变，组织了抗日民族统一战线，推动了神圣的抗日战争的爆发。”

1981 年 6 月 27 日，党的十一届六中全会审议通过的《关于建国以来党的若干历史问题的决议》指出：“一九三五年一月党中央政治局在长征途中举行的遵义会议，确立了毛泽东同志在红军和党中央的领导地位，使红军和党中央得以在极其危急的情况下保存下来，并且在这以后能够战胜张国焘的分裂主义，胜利地完成长征，打开中国革命的新局面。这在党的历史上是一个生死攸关的转折点。”

2021 年 11 月 11 日，党的十九届六中全会审议通过的《中共中央关于党的百年奋斗重大成就和历史经验的决议》指出：“一九三五年一月，中央政治局在长征途中举行遵义会议，事实上确立了毛泽东同志在党中央和红军的领导地位，开始确立以毛泽东同志为主要代表的马克思主义正确路线在党中央的领导地位，开始形成以毛泽东同志为核心的党的第一代中央领导集体，开启了党独立自主解决中国革命实际问题新阶段，在最危急关头挽救了党、挽救了红军、挽救了中国革命，并且在这以后使党能够战胜张国焘的分裂主义，胜利完成长征，打开中国革命新局面。这在党的历史上是一个生死攸关的转折点。”

可以看出，党的3个历史决议都高度肯定了遵义会议的重要历史地位，但每个历史决议所阐述的具体内容又有所不同，这反映了我们党对遵义会议历史地位认识判断的不断深化。这集中体现在对毛泽东历史贡献的认识上：从“这次会议开始了以毛泽东同志为首的中央的新的领导”到“确立了毛泽东同志在红军和党中央的领导地位”，再到“事实上确立了毛泽东同志在党中央和红军的领导地位，开始确立以毛泽东同志为主要代表的马克思主义正确路线在党中央的领导地位，开始形成以毛泽东同志为核心的党的第一代中央领导集体”。正是由于开始形成以毛泽东同志为核心的党的第一代中央领导集体，遵义会议后党和红军转危为安、化险为夷，中国革命斗争的局面从被动转向主动，从此中国革命事业就不断从胜利走向新的更大的胜利。

## 二、遵义会议的历史内涵

遵义会议的历史内涵有狭义和广义之分。狭义就是会议本身，广义则是会议涉及的主题和内容，以一个整体去看待，作前展后延，将完成会议的历史使命看作是一个酝酿、发展和完善的历史过程。遵义会议召开前的相关会议是酝酿过程，遵义会议召开后的相关会议是完善过程。

遵义会议召开前的酝酿过程。由于“左”倾教条主义的错误领导，党和红军历经多年建立起来的十几块革命根据地，除陕甘革命根据地“硕果仅存”外，全部丢失。湘江战役一役，中央红军从出发时的 8.6 万人减少到 3 万余人。在残酷的事实面前，党和红军内部对错误领导的怀疑、不满和要求改换领导的情绪迅速增长。一些曾经支持过“左”倾错误的领导人，也逐步改变态度。党中央连续召开通道会议、黎平会议和猴场会议，不同思想、观点、意见开始交锋，为遵义会议召开做了充分的准备。

通道会议。湘江战役后，毛泽东根据敌我双方的军事态势，建议中央红军放弃北上同红二、红六军团会合的原定计划，到敌军力量比较薄弱的贵州去开辟新的根据地。1934 年 12 月 12 日，党中央负责人在湖南通道召开紧急会议。参加会议的张闻天、王稼祥、周恩来等多数同志赞成和支持毛泽东提出的上述转向的方针，但李德等人仍坚持北上湘西的原定计划。通道会议没有达成实行战略转兵的一致意见，但为促进黎平会议决策红军战略转兵创造了条件。

黎平会议。1934 年 12 月 18 日，中央政治局在贵州黎平召开会议。经过激烈争论，毛泽东的建议得到与会多数同志的赞同，通过了《中央政治局关于战略方针之决定》，放弃到湘西北同红二、红六军团会合的计划，改向贵州北部进军。同时决定到遵义地区后开会讨论总结第五次反“围剿”以来军事指挥上的经验教训。黎平会议是通道会议的继续。

猴场会议。1934 年 12 月 31 日晚至次日凌晨，中央政治局在贵州瓮安猴场召开会议，作出《关于渡江后新的行动方针的决定》，提出首先在以遵义为中心的黔北地区，然后向川南创建川黔边新的根据地的战略任务。会议还决定，“关于作战方针以及作战时间与地点的选择，军委必须在政治局会议上做报告”，以加强政治局对军委的领导。这个决定实际上剥夺了博古、李德的军事指挥权。猴场会议巩固了黎平会议的成果。

猴场会议后，红军于 1935 年 1 月 7 日占领遵义。此时，中央大部分领导人对于中央军事指挥的错误问题，基本上取得一致意见。在这种形势下，召开一次政治局会议、总结经验教训、纠正领导上的错误的条件已经成熟。

遵义会议召开的过程。1935年1月15—17日，中央政治局在遵义召开扩大会议即遵义会议，集中全力解决当时具有决定性意义的军事指挥和组织领导问题。

出席会议的政治局委员有毛泽东、张闻天、周恩来、朱德、陈云、博古，候补委员有王稼祥、刘少奇、邓发、何克全（凯丰），还有红军总部和各军团负责人刘伯承、李富春、林彪、聂荣臻、彭德怀、杨尚昆、李卓然，以及中央秘书长邓小平。共产国际驻中国军事顾问李德及担任翻译工作的伍修权也列席了会议。

会议首先由博古作关于反对第五次“围剿”的总结报告。他过分强调客观困难，把第五次反“围剿”的失败归之于帝国主义、国民党反动力量的强大，白区和各苏区的斗争配合不够等，而不承认主要是由于他和李德压制正确意见，在军事指挥上犯了严重错误而造成的。接着，周恩来就军事问题作副报告，他指出第五次反“围剿”失败的主要原因是军事领导的战略战术的错误，并主动承担责任，作了诚恳的自我批评，同时也批评了博古和李德。张闻天按照会前与毛泽东、王稼祥共同商量的意见，作反对“左”倾军事错误的报告，比较系统地批评了博古、李德在军事指挥上的错误。毛泽东接着作了长篇发言，对博古、李德在军事指挥上的错误进行了切中要害的分析和批评，并阐述了中国革命战争的战略战术问题和此后在军事上应该采取的方针。王稼祥在发言中也批评博古、李德的错误，支持毛泽东的正确意见。周恩来、朱德、刘少奇等多数与会同志相继发言，不同意博古的总结报告，同意毛泽东、张闻天、王稼祥提出的提纲和意见。只有个别人在发言中为博古、李德的错误辩解。李德坚决不接受批评。会议最后指定张闻天起草决议，委托常委审查，然后发到支部讨论。

会议根据变化了的情况，改变黎平会议先以黔北为中心、再去川南创建根据地的决议，决定红军渡过长江在成都之西南或西北地区建立根据地。会后，又根据敌情的变化，决定中央红军在川滇黔三省广大地区创造新的根据地。

会议改组了中央领导机构，选举毛泽东为中央政治局常委；决定常委中再进行适当的分工；取消在长征前成立的“三人团”，仍由最高军事首长朱德、周恩来为军事指挥者，而周恩来是党内委托的对于指挥军事上下最后决心的负责者。

遵义会议召开后的完善过程。在紧急的战争形势下召开的遵义会议，没有全面地讨论政治路线方面的问题。此时要就多年来党的工作中所有重大问题的是非展开讨论，是不可能的。党中央对这些问题取得一致的正确认识，需要有一个过程。因此，会议决议只是一般地肯定中央的政治路线，也没有探讨造成军事指挥错误的深刻的政治原因。这反映和体现了毛泽东等同志的高超政治智慧。遵义会议后完善过程的会议是“鸡鸣三省”会议、扎西会议、苟坝会议以及 1943 年 3 月中央政治局会议。

“鸡鸣三省”会议。遵义会议后不久，中央政治局在川滇黔交界的一个叫鸡鸣三省的村子召开会议，中央政治局常委决定由张闻天代替博古负总的责任；决定毛泽东为周恩来在军事指挥上的帮助者。会议从组织上纠正了“左”倾路线的错误，进一步确立了毛泽东在党内、军内的领导地位。

扎西会议。1935 年 2 月 5—9 日，中央政治局在云南扎西召开会议。会议通过了张闻天起草的《中共中央关于反对敌人五次“围剿”的总结决议》等一系列文件。会议决定由张闻天代替博古负总的责任。扎西会议是张闻天同毛泽东紧密合作、协力领导全党全军的良好开端。

苟坝会议。1935 年 3 月 10 日，中央政治局在贵州苟坝召开会议。会议成立了由毛泽东、周恩来、王稼祥组成的新的“三人团”，负责指挥全军的军事行动，这也是当时党中央最重要的领导机构。毛泽东进入“三人团”并发挥主导作用，从组织上进一步巩固和保证了毛泽东在党内、军内的领导地位。

1943 年 3 月中央政治局会议。红军长征胜利到达陕北后，1943 年 3 月 20 日，中央政治局召开会议。会议通过《中共中央关于中央机构调整及精简的决定》，推定毛泽东为中央政治局主席和中央书记处主席。毛泽东、刘少奇、任弼时组成中央书记处，书记处所讨论的问题，“主席有最后决定之权”。这是一次重要的中央机构和人事的调整，从组织手续上完成了毛泽东在全党的领导核心地位的确立。遵义会议的历史使命最终得以完成。

## 三、遵义会议的历史启迪

历史是最好的教科书，也是最好的清醒剂。习近平总书记强调：“我们要运用好遵义会议历史经验，让遵义会议精神永放光芒。”总结遵义会议的历史经验，我们获得的历史启迪是多方面的，但概括和提炼最主要、最基本的内容是 5 个方面，这就是：领导核心是旗帜、实事求是是根本、独立自主是关键、民主集中制是保证、党指挥枪是原则。

领导核心是旗帜。唯物史观认为，人民群众是历史的创造者。同时，又承认个人对社会发展的影响作用，甚至是重大的影响作用。杰出人物通常比一般人站得高、看得远，能够集中集体的智慧、倾听人民的呼声、顺应时代的潮流、把握历史的规律、提出和解决重大历史任务、指引历史前进的方向，因而他的作用是独特的、特殊的，能对历史的发展起到加速的推动作用。虽然遵义会议前后我们党还没有使用核心的概念，但遵义会议开始形成以毛泽东同志为核心的党的第一代中央领导集体。我们党在新民主主义革命时期的历史共 28 年，这 28 年以遵义会议为界，正好可以划分为前 14 年和后 14 年。前 14 年，我们党犯了 1 次右倾、3 次“左”倾的错误，中国革命遭受了两次重大挫折，一次是大革命的失败，一次是中央革命根据地第五次反“围剿”的失败；后 14 年，从遵义会议开始，我们党先后取得长征的胜利、抗日战争的胜利、解放战争的胜利，最终建立了中华人民共和国。遵义会议的历史启示我们：核心就是旗帜，核心就是方向，核心就是力量；核心来自于实践，核心代表人民，核心指引前进方向，核心是历史和人民的选择。新征程上，我们要深刻领悟“两个确立”的决定性意义，增强“四个意识”、坚定“四个自信”、做到“两个维护”。

实事求是是根本。实事求是，是马克思主义的根本观点，是我们党的思想路线的核心内容，是毛泽东思想 3 个活的灵魂之一。习近平总书记指出，实事求是“是中国共产党人认识世界、改造世界的根本要求，是我们党的基本思想方法、工作方法、领导方法”。遵义会议的一个鲜明特点，就是坚持了实事求是的原则。作为党的思想路线的核心内容，虽然这时我们党还没有对其进行概括和提炼，但是遵义会议贯彻了这一精神，会议的各项决定是实事求是的产物，是实事求是的具体体现。实事求是成为我们党结束“左”倾教条主义错误在中央的统治最有力的思想武器。遵义会议前党内曾一度出现了把马克思主义教条化、把共产国际决议和苏联经验神圣化的错误倾向，如果继续照搬教条、照套本本，那会是一个什么样的结局呢？严酷的现实摆在党的面前。遵义会议前后发生天翻地覆的历史巨变，活生生的现实深刻地教育了广大党员和红军将士。遵义会议的历史告诉我们：必须坚持实事求是，只有坚持实事求是，马克思主义才有活力、才有生命力；只有坚持实事求是，才能解决中国的实际问题。新征程上，我们必须坚持解放思想、实事求是、与时俱进、求真务实、守正创新，坚持一切从实际出发，理论联系实际，在实践中检验真理和发展真理。

独立自主是关键。独立自主是中华民族精神之魂，是我们立党立国的重要原则，也是毛泽东思想3个活的灵魂之一。习近平总书记指出：“坚持独立自主，就要坚持中国的事情必须由中国人民自己作主张、自己来处理。”我们党真正懂得独立自主是从遵义会议开始的，这次会议批判了教条主义。我们党是在共产国际的帮助下建立的，党的二大通过决议正式加入共产国际，成为其下属的一个支部。毛泽东对于共产国际与中国革命的关系有一个总的评价，“两头好，中间差”。中间差就是指共产国际对我们党内部干预太多，尤其是王明“左”倾教条主义的发生，正是与共产国际及其代表有关。遵义会议是在我们党同共产国际中断联系的情况下召开的，会议作出了一系列被实践证明是正确的重大决策和重大决定，这些成果都是我们党独立自主取得的。遵义会议的历史表明：中国革命斗争的胜利要靠中国同志了解中国情况，中国共产党的事情要由中国共产党根据中国的实际自己来做决定。人类历史上没有一个民族、一个国家可以通过依赖外部力量、照搬外国模式、跟在他人后面亦步亦趋实现强大和振兴。那样做的结果，不是必然遭遇失败，就是必然成为他人的附庸。新征程上，我们必须坚持独立自主、自力更生，既虚心学习借鉴国外的有益经验，又坚定民族自尊心和自信心，不信邪、不怕压，把中国发展进步的命运始终牢牢掌握在自己手中。

民主集中制是保证。民主集中制是共产党的根本组织原则和领导制度。民主集中制正确规范了党内政治生活、处理党内关系的基本准则，是反映、体现全党同志和全国人民利益与愿望，保证党的路线方针政策正确制定和执行的科学的合理的有效率的制度。遵义会议之所以开得好、开得成功，民主集中制起了制度保障作用。试想，如果没有民主集中制，会上张闻天能作反对“左”倾军事错误的报告吗？毛泽东能对军事指挥上的错误展开批评吗？中央领导机构和军事指挥机构能够改组吗？不能。由于有了这样一个制度，党内开展了积极的思想斗争，解决了在战争环境下党所面临的最迫切、最急需解决的军事指挥和组织领导问题，既纠正了错误，又团结了同志。有了正常的党内生活，我们党就开始逐步形成了党的稳定的领导核心。遵义会议的历史证明：民主集中制作为我们党的一个根本组织原则和领导制度，必须长期坚持。新征程上，我们要贯彻好民主集中制，将民主和集中紧密结合，形成又有集中又有民主、又有纪律又有自由、又有统一意志又有个人心情舒畅生动活泼的政治局面。

党指挥枪是原则。党指挥枪是我们的人民军队在创建之初由毛泽东在“三湾改编”时确立的根本原则。这一根本原则定型于古田会议，是人民军队完全区别于一切旧军队的政治特质和根本优势。习近平总书记指出：“历史告诉我们，党指挥枪是保持人民军队本质和宗旨的根本保障，这是我们党在血与火的斗争中得出的颠扑不破的真理。”党对军队绝对领导，体现在遵义会议对重大军事行动的决策上，体现在对军事“三人团”的改组和调整上。这个根本原则，保证了红军的转危为安，保证了人民军队能打仗、打胜仗。遵义会议的历史昭示我们：保证党对军队的绝对领导，关系我军的性质，关系我军的宗旨。新征程上，人民军队必须牢牢坚持党对军队的绝对领导，把这一条当作人民军队永远不能变的军魂、永远不能丢的命根子，任何时候任何情况下都以党的旗帜为旗帜、以党的方向为方向、以党的意志为意志。